ちくま学芸文庫

神話学入門

大林太良

JN166005

筑摩書房

目次

神話学入門

はじめに

ラワ族の神話

一九六三年の四月、私はタイ国の北西部の山地で、当時東大工学部の学生だった桧垣君を助手につれて、ラワ族やカレン族の民族学的な調査をしていた。目的の一つは、できるだけたくさんの神話を集めることだった。彼ら少数民族の伝統的な世界像に、そして文化そのものに近づく重要な戸口が神話である。夕方、日が暮れてから、われわれのキャンプのまわりに村人たちが集まってくる。すると私は彼らにいろいろ質問してゆく。その質問のなかには、神話や伝説についての質問もあった。夕方になると、彼らは神話や伝説を話す気分になるのである。

私が、こういう筋の話はないかと、東南アジア大陸に広く分布しているモチーフ、たとえば洪水神話のあらすじを通訳をとおして村人に質問すると、その話なら、この村ではこういっている、と村人の一人（だいたい中年以上の男子）が話してくれる。そして、一つの神話を話してくれると、つぎからつぎへと、こんどは別の神話や伝説をむこうから話してくれる。私の頭につけたヘッドランプの明かりに照らしだされた村人の表情からみて、話はその村ではよく知られているものらしい——。

世界の最初の日、水は世界中に満ち、一人の男と一人の女が生き残っただけだった。二人は兄妹だった。ある日、一羽の鳥が二人に、お前たちは夫婦にならなければならないといった。男は妹に、妻になれといったが、妹は、二人は兄妹だからいやだといった。けれども二人しか人間がいなくなってしまっているので、もしわれわれが結婚しなければ、人類はなくなってしまうぞと兄はいった。

そこで妹も承諾し、彼の妻となった。それから妹は妊娠したが、十年もの長いあいだ、胎内に子供がいた。ある日、彼女は子供を生んだが、それは人間ではなく、一個のヒョータンであった。夫婦は悲しみ、兄妹が結婚したからこうなったのだといったが、このヒョータンを保存しておいた。

ある日、妹はこの植物に穴をあけようとして指を当てたところ、最初の穴からラワ族が出てきた。他の穴から、タイ人、カレン族、中国人、ヨーロッパ人などが出てきた。このように多くの民族が出てきたのち、ラワ族は全世界にいる多くのピー（精霊）を袋に入れて、自分のピーとして今にいたるまで保存している。若干のカレン族やタイ人もピーをもっているが、保管するものをもっていないために逃げられてしまい、カレン族はピーを一つもっているだけである。

パ・ペー村で聞いたこのラワ族の洪水神話をはじめ、さまざまの神話を私は、ラワ族やカレン族のところで聞くことができた。

このように世界の諸民族はいろいろな神話をもっている。『古事記』や『日本書紀』の神代巻や、古代ギリシャのホメーロスやヘーシオドスの伝えた神話、あるいは『エッダ』に語られた北欧神話ばかりが神話なのではない。世界のすべての民族が、かつては神話をもっていたか、あるいはいまなおもっているのである。このような諸民族の神話は、古い文献にのっているものばかりでなく、口づたえに伝えられてきたものも、学者の熱心な努力によって、すでにたくさん集められている。また、未開民族のところで原語で採集されたものも数多い。

日本の神話学

神話学とは、いうまでもなく、このような神話を研究する学問である。わが国においても神話の科学的、体系的な研究は、明治の後年以来何人かの学者によって熱心に行なわれてきた。しかし、その道筋はけっして坦々たるものではなかった。日本における神話学の建設者たる高木敏雄氏は明治三十七年に、『比較神話学』というわが国で最初の体系的な神話学概論においてこう述べている。

「顧みれば既に十余年以前、日本古代史の研究甚だしく隆盛を極めし当時に於て、神代史研究の必然の結果として、日本神話の研究も亦たまさに、其萌芽を発せんとしつつありしなり。不幸にして、云うに忍びざる或事件（久米邦武氏の論文「神道は祭天の古俗」（明治二十四年）による筆禍事件）の発生によりて、神代史研究の発達に、一頓挫を来せしより、学者亦た再び神代史に就て議論せざるに至り、惜いかな、神話学は遂に発生するに至らずして止みぬ」

高木氏のほとんど孤軍奮闘といってよい活躍のあと、組織的な神話研究は一時沈滞したが、大正末から昭和に入って、わが国における神話研究は新しい段階に入った。

一方では日本神話と海外の神話との比較研究が長足の進歩をとげ、また朝鮮や中国の神話に関してもわが国の学者の独自の研究が進められ、他方においては海外の神話や神話学説も多少のかたよりはあったが紹介されていった。民族学的な資料や方法が神話研究に対してもつ重要性もだんだん認められてきた。この時期を代表するのは松村武雄氏の大著

『神話学原論』（上下）と戦後出版された『日本神話の研究』（全四巻）であった。

しかし、戦前と戦中におけるわが国では、神話の科学的研究はけっして容易ではなかった。ことに、日本神話を周囲の諸民族の神話と広い範囲にわたって比較研究することは、このような比較研究の基礎となる民族学が当時の日本ではまだ十分発達していなかったことと、自由な比較研究に不利な政治的雰囲気のために困難であった。このことを象徴的に示しているのは、三品彰英《みしなしようえい》氏などのように、当時、国内にあってすぐれた比較研究を行なった学者は例外であって、日本人の学者の多くも、国内でよりはむしろ、ヨーロッパというより恵まれた学問的環境のなかで自由な日本神話の研究を行なっていたことである。たとえば、一九三〇年前後には、松本信広氏はパリで、岡正雄氏はウィーンで、ややおくれて第二次大戦中には沼沢喜市氏がスイスのフライブルクですぐれた研究を進めていった。しかも、一九三三年に完成した岡氏の『古日本の文化層』の大綱がわが国で公にされたのは戦後になってからであった。松本信広氏は、その『日本神話の研究』の再版（一九四六年）の序文でこう書いている。

「人は己れの姿に似せて神を作る。人間の集団精神が昂揚され、其象徴に投影された神が生れて来る。神を知るには神を生んだ人間社会を究め、其集団的恍惚状態を生む祭儀を知らねばならぬ。此見地から日本神話を研究しようとしたのが此小篇の目的で、其刊行は今を去る十五年前、昭和六年十一月廿五日のことである。爾後我国文教の方針が我神話の批判的分析的研究に極めて不利となり、再版を屢々勧められたに拘らず自重して現在に及んだのである」

また、三品彰英氏が、戦後『神話と文化境域』（一九四八年）を出版されるにあたって、跋語のなかで、「嘗て旧稿に対して一国家主義的論者は、筆者の研究態度を難じて余りに英米科学的なりと評したが、世の変改を経た今日では、却って神話を取り扱っているの故に、或は逆な批判を蒙むるかも知れぬ」と書いているように、戦時中の神がかり的な神話観の反動として、戦後には神話に対する無関心や偏見すらも一部には生じた。そして戦後の世代の学者たちの本格的な神話研究が発表されるようになったのは、だいたい、十年ほど前からである。

このような状態にあったわが国においては、一般知識人の神話についての知識や見かたがかたよっていたり、また一九三〇年ごろから以後の海外における神話研究の成果が、学界でもまだ体系的にはよく知られていないのもけっして無理はない。この本を書いた大きい目的の一つは、このような空隙を埋め、神話とその研究を広く紹介することであった。

この本を書くにあたっては、内外の多くの学者の業績に負うているところが大きい。そのなかでも、本書執筆中、昨一九六五年五月に亡くなられたフランクフルト大学の恩師イエンゼン先生に殊に多くを負うている。これらの学者に深い感謝の意を捧げたい。

ところで、神話ということばが、英語のMyth, ドイツ語のMythe, Mythus, Mythos, フランス語のMytheの訳語であり、けっきょくはギリシャ語のMuthosあるいはMythosということばにさかのぼるのと同様に、日本語の神話学ということばも、英語のMythologyやドイツ語やフランス語のMythologieを翻訳したものであって、ギリシャ語のMythosとLogosにまでさかのぼる。このことからもわかるように、神話学は、ヨーロッパにおいて発達した学問である。神話に関して、まとまった議論をするにあたって、まず西洋における神話研究の歴史をいちおうふりかえってみる必要がある。このような神話研究史は、わが国では新しい手頃なものがないので、少々とっつきにくいかも知れないが、第一章でまとめておいた。

なお、本文中の「　」は原著者の文章をそのまま引用、——は原著者の文章を多少アレンジしたことをあらわし、〔　〕は引用文中における大林の註記である。

一九六六年一月

大林太良

Ⅰ　神話研究の歩み

太陽の馬車

ミュトスとロゴス

神話の研究は、神話の没落とともに始まった。神話と現実の生活とのあいだに距離ができ、神々と人間のあいだが疎遠になり、神々への信仰が動揺してくるとき、神話というものを、大なり小なり客観的に眺めることができるようになる。紀元前六世紀に、ギリシャのクセノファネス（Xenophanes）はホメーロスやヘーシオドスが「盗み、姦通、だましあいのような人間の行ないうるもっとも悪い仕業を神々が行なった」と伝えているのを嘆き、またピンダロス（Pindaros 紀元前五二二—前四四三年ころ）が、神が食人者であったという話をくりかえすのを拒んだのも、また古代インドにおいては、インドラ神が、あるブラーマンの殺害者であったという神話を上品に解説しようと試みられたのも、人と神との隔たりの現われであった。そして神話の世界がようやく遠ざかってゆき、神話が対象化され、ロゴス（悟性）と出あうところに神話自体の没落と神話研究の発端があった。

しかし、一つの学問分野として神話の研究が確立するまでには、長い時間がかかっている。神話研究のためには、比較研究をするに足るだけの十分な量の材料の蓄積がなければならず、また、これらの材料を分析する方法もなければならない。つまり神話一つを解釈するのにも、言語学、古典学、民族学などさまざまな学問の知識が必要であり、こういう学問が十分発達していなければ、神話の研究もまた十分ではないのである。

ところで、神話の研究も、他の多くの学問と同様に、その源を古代ギリシャに尋ねることができる。オランダのライデン大学の名誉教授ヤン・デ・フリース（Jan de Vries）は、その名著『神話研究史』のなかでこういっている。

「もしわれわれが、ギリシャ時代から今日にいたるまで、神話研究の領域において言明されたことを概観するならば、——わずかしかない例外を別とすれば——とりわけて注目すべき連続性に出あう。ギリシャ人の創造的な天才は、つぎの点においてすでにはっきり出ている。つまり、ほとんどすべての説明の仮説が当時すでに作られ、またこれら諸仮説は、ときには多少変化した形においてではあるが現代にいたるまで、くりかえし現われてきたのである」

デ・フリースのいっていることは、たしかに間違いではない。しかし、それはギリシャ以来、神話研究が静止していたことを意味するものではけっしてない。反対に、神話研究が本格的になったのは十八世紀以後であり、以来、他の学問と同様に、神話研究においてもつぎつぎに新しい視野がひらけ、また新しい問題とその解決の方法が提出されていったのである。その際注目すべきことは、それぞれの時代において、それぞれの学派が提出した問題や研究法は、じつは、それぞれがおもに利用していた材料であるところの特定の民族神話の性質に、かなり大幅に規定されていたということである。前置きはこのくらいにして、これから神話学の歩みをもうすこし詳しく辿ってゆくことにしよう。

寓意説

古代ギリシャにおいて、神話の起源あるいは本質に関して、後世まで影響を及ぼしたいくつかの立場が現われた。その代表的なものは、寓意説とエウヘメリズムである。また神話の借用や伝播《でんぱ》の現象の指摘もすでにこのころから現われていた。

寓意説やエウヘメリズムは、まえに記した哲学者たちの神話への懐疑や非難と無縁なものではない。その根底にあるのは、ともに、合理主義的なものの見かたが神話に接したときの反応である。つまり、神話は一方では不合理なものとして排斥され、他方では、合理化して説明しようと試みられたのである。

神話の本質を寓意《アレゴリー》とする見かたは、紀元前六世紀のクセノファネスやテアゲネス（Theagenes 紀元前五二五年ころ）がすでに述べていた。テアゲネスは『イーリアス』に出ている、トロイ側とギリシャ側に分かれた神々の戦いは、諸元素の戦いであると考えた。しかし彼は神々を、たんに自然の諸原理としてばかりでなく、部分的には思慮とか欲望のような倫理的な諸原理としても解釈したのである。このような寓意説的な神話解釈はその後、パルメニデス（Parmenidēs 紀元前五〇〇年ころ）、エンペドクレス（Empedokles 紀元前四九〇―前四三〇年ころ）、アリストテレス（Aristotelēs 紀元前三八四―前三二二年）のようなギリシャの哲学者たちから、ストア学派を経て、さらに十九世紀の自然神話学派に及ぶ大きい流れである。

この寓意説の主流は神話の基礎に自然現象があるという立場であったが、それとならんで、エピクロス（Epikouros 紀元前三四一年ころ―前二七〇年ころ）のように、神話を霊魂生活の一定の局面の寓意化であると見る立場もあった。これはのちにオットフリート・ミュラー（K. O. Müller 一七九七―一八四〇年）を経て二十世紀の神話の心理学的な解釈にいたる流れの先駆ともいえよう。

ところで、寓意説は、ほんとうに神話の本質を把握していたであろうか？　自然神話説に関しては、あとで詳しく論ずることにして、ここでは倫理的な寓意の場合を見よう。エーレンライヒ（Paul Ehrenreich 一八五五―一九一四年）が論じたように、「寓意《アレゴリー》、つまり抽象的な倫理的理念を神話的な外被で意識的に意図的につつみかくすことは、考えて詩作した結果であって、真の神話がその起源において寓意的に考えられたことは一度もないのである。しかし象徴的な神話が、はっきりした境界なしに寓意に移行することはありうる。つまり宇宙的な本質的原理間の闘争や季節と季節の対立が、二つの対立する倫理的な二つの原理、つまり〈善と悪〉の争いになるのはこの例である。また、寓意が神話の宗教史的な発展にとって、ごく重要なことを見のがすことはできない」のである。

エウヘメリズム

神話の神々が自然現象や倫理的原理をあらわしたものである、という寓意説にたいして、神々は元来は功績の多い人間だったはずであるという、特異な合理的解釈がある。これはギリシャのエウエメロス（Euēmeros 紀元前三〇〇年ころ）にちなんでエウヘメリズムといわれる解釈だ。この立場はすでにヘロドトス（Hērodotos 紀元前四八四年ころ―前四二五年ころ）や、プラトン（Platōn 紀元前四二七―前三四七年）にもある程度見られたものであった。エウエメロスはマケドニアのカサンドロス王の友人であった。彼が『神聖史』において試みたことは、神々の起源について科学的な記述をすることではなく、小説を書くことであった。それは前四世紀に愛好されたユートピア物語の一つであった。どこか南方にあるパンカェアの島で、彼は一本の金の柱を発見した。柱には金文字で、ゼウス神の生涯やその父クロノスや祖父ウラノスの事蹟が記されてあった、という作り話である。エウエメロスによれば、神は英雄が死後崇拝されたものであり、神話はその神の事蹟の記録である。神王ゼウスの文明的な活動によって人類は未開から文明の状態に引きあげられたのである。

キリスト教の護教学者たちが、このエウヘメリズム的解釈を好んだことは、容易に理解できる。つまり、この解釈法は、異教の神々が元来いかにつまらぬものであったかを証明するのに役だったからである。エウヘメリズムはのちまでつづき、十九世紀には、イギリスの社会学者ハーバート・スペンサー（H. Spencer 一八二〇―一九〇三年）のような代表者が現われた。

エウヘメリズムは今日も一部の論者のあいだではあとを絶たない。その一例として、徐《じょ》松石《しょうせき》氏の古代中国の太陽征伐に関する考えをあげることができよう。『淮南子《えなんじ》』や『楚《そ》辞《じ》』に、「堯のとき十日が並び出て、草木を焦げ枯らしたので、堯は羿《げい》に命じて、そのうち九日を射させた」という神話があり、今日の貴州の花苗族《かびょうぞく》（苗族の一種）もこの話を伝えている。徐氏はこれを解釈して、「この十日は十人の君主をさして、十個の太陽をさすのでないことは疑いない。苗族の神話中の九日が射られ、一日が逃走したというのは、明らかに九人の夷王《いおう》が屈服し、一人の夷王が遠く逃れたことをさし、あるいは九人の夷人が屈服し、中原の王室がまた盛んとなったことをさしているのだ」と考えている。

しかし、東アジアや東南アジアにかなり広く分布しているこの太陽征伐の話を、このようにエウヘメリズムで解釈するのが正しいかどうかは、はなはだ疑問である。事実たくさんの太陽が、かつて並び存していたと考えた宇宙観として解釈するのが、一番すなおな解釈であろう。

エーレンライヒも指摘したように、部族や氏族や家族の祖先、有名な戦士や狩人などの共同体に功績のあった人物が、大なり小なり人間的な性格をもった守護神や部族神、つまり英雄になりうることは、周知の事実である。インドの原住民のあいだでは、卓越した、あるいは恐れられたヨーロッパ人さえもが、その死後神の資格を得たのであり、同じようなことは、アフリカ、アメリカ、ポリネシアからも報告されている。コロンビアのアルワコ族の文化英雄タチの背後には、おそらく昔の宣教師が潜んでいるし、またポリネシアの戦争神オロは、太古の有名な戦士であると考えられている。

もちろん、このようなことは、神話に現われたすべての神々や英雄たちが、かつては実際に生きていた人間であったことを意味するのではない。また、神話に記された神々や英雄の事蹟には、ある程度、歴史的な出来事の核を含んでいることもありうるが、それは精密な研究を経てはじめて立証できることである。

神話の伝播

今まで紹介してきた古代ギリシャにおける二つのおもな神話の解釈法、つまり寓意説とエウヘメリズムは、神話の起源ばかりでなく神話の本質をも説明しようとする試みであった。しかし、神話の究極の起源や本質という問題にまで入らなくても、特定の神話が、ある民族から他の民族に伝播するという事実をたしかめることも、神話研究の重要な問題である。すでにヘロドトスは、ギリシャ人は宗教の領域において若干のものをエジプト人から借用したと信じていた。このようなことが古典古代にはしばしば想定されていたことは不思議ではない。ギリシャとローマがオリエントの諸宗教によって溢れたときには、外来の神々とその祭儀の受容を示す、明白な実例があったからである。

キリスト教に改宗してからのちは、人々は、ギリシャ神話の手本を聖書のなかに探し求めた。ことに文芸復興期におこった人文主義とそれ以後の時代において、『旧約聖書』のモーゼとアブラハムが、ギリシャの神々の原型であるというようなことを証明するために、恐るべき博学多識がむなしく費やされた。このことは、ギリシャの神々と祭儀とはキリスト教の伝承を悪魔が模倣したものであるという、キリスト教の教父たちの考えとも一致していた。神話研究において借用説が前代未聞の規模において再生し、主張されたのは、二十世紀初頭の汎バビロニア説である。

たしかに、古代ギリシャにおいて、後世の神話研究における諸方向の萌芽や原型がすでに現われていたことは注目に値する。しかし、神話の研究が神話学という体系的なものにまで成長しはじめるのは十八世紀以後である。

神話学の胎動

啓蒙時代においても、中世的な神話観がまだつづいていた。なかでもギリシャ神話は、聖書の伝承が崩れたものであるという考えが強く残っていた。しかし、十八世紀の初めのフランスには、ギリシャ神話の科学的なとりあつかいへの萌芽がすでに生じていた。デ・フリースが指摘したように、未開民族のあいだにおけるイエズス会士の宣教活動の結果、主として、北米インディアンの神話とギリシャ神話との比較が始まったことや、他方においては、中国の哲学や宗教がヨーロッパに知られたため、ヨーロッパのキリスト教徒の一部が、自己の優越性を考え直すようになったことなどがそのきっかけである。

もう一つ忘れてならないことは、十八世紀には、古代ゲルマン人やケルト人の神話もはじめて学者の視野に入ってきたことである。こうして、十八世紀には今までのギリシャ神話と『旧約聖書』という狭い視野から解放され、世界のさまざまの文化段階、地域や文化的伝統の神話が徐々にヨーロッパの学者に知られるようになった。それは来たるべき比較研究のための前提であった。

イタリアの哲学者ヴィーコ（G. Vico 一六六八―一七四四年）は、この時期における神話理論家のうちのもっとも重要な一人であり、ある点ではヘルダーの先駆ということができよう。ヴィーコの『新科学』（一七二五年）によれば、空想力が神話形成の本質的な要素である。しかし空想力は信仰の唯一の源泉なのではない。空想力に先行するものは、神々の恐れでもあった。さらにヴィーコは、神話と文化の発展段階、社会生活の諸欲求との関連にも注目して、つぎのような神話観念の発展の四段階を想定した。

1　自然は擬人化され、神化される（雷鳴する天はゼウスに、海はポセイドンに）。

2　人間は自然を征服し、作り直し始める（火―ヘファイストス、国家―スタトゥルヌス、穀物―デーメーテール）。

3　あらたに再解釈が行なわれる。神々は政治的状態、制度、党派などの代弁者となる（ユノー―結婚制度、ディアーナ―警察的な衛生規則）、ことに身分間の闘争の反映。

4　神々は人格化され、大部分その寓意的な意味が失われる。ホメーロスの仕事がこれである。

このように、寓意説の伝統に立って、しかも神話の発展段階などの新しい見かたを提出したヴィーコの学説にたいしては、当時はまだなにも反響がなかった。それどころか、世紀の終りに近づくにつれて、フランスで盛んであった合理主義の霧がますます濃くなっていって、宗教の真の本質はまったく見えなくなるほどであった。

ロマンティークの学者たち

十八世紀末から十九世紀初めにかけてのローマン主義は、本質的にドイツの運動であった。この運動は直接・間接に神話研究に刺激を与え、これによって神話研究の中心はフランスからドイツに移った。ロマンティークとそれにひきつづく時代のおもな学者として、ヘルダー、クロイツァー、オットフリート・ミュラー、シェリングの名をあげることができよう。

ヘルダー（Johann Gottfried von Herder 一七四四―一八〇三年）に、神話の本質への目を開かせたのは、ギリシャの詩人たちよりもむしろ東洋の詩であった。彼は神話が世界観であるという見かたに到達した最初の学者であった。そして神話と芸術においては宗教的要素が働いており、そしてそれが神話や芸術の品位と意義を決定するものであることを認めた点において彼は、神話学建設者の最大の一人であるといってよい、とデ・フリースは論じている。ヘルダーの説は、きわめて重要な基本的な視点を示しているが、それはかなり一般的な視点であった。そして、クロイツァーやミュラーの説くところはより具体的である。

フリードリヒ・クロイツァー(G. Friedrich Creuzer 一七七一—一八五八年)は、『古代諸民族の象徴主義と神話』(一八一〇—一二年)を発表し、ギリシャの神話と秘儀のなかに、ある純粋な、初期の、そして東洋の神智の象徴を見いだそうとした。彼は、神話は司祭の学校で象徴の形式で伝承されたものであって、この秘密の知恵はインドからギリシャにきて神話となったから、神話のなかには古代の神智が寓意の形で含まれていると論じた。

なるほどギリシャの哲人たちは、彼ら自身の神話を、より高い事物の象徴として説明したが、ラング(A. Lang 一八四四—一九一二年)がいうように、この説明はあとから考えたものである。ギリシャ神話の起源の説明にはならないのだ。しかし、クロイツァーの説は、神話の伝承の形式とその担い手の問題に注意を向けた点は重要な貢献であった。

『科学的神話学序説』(一八二五年)を著したオットフリート・ミュラーは、クロイツァーにくらべると、より穏健であり着実だった。彼の考えでは、神話の説明はその起源の説明でなくてはならない。ほんとうの原初的な神話と詩人や哲学者によって加工された神話とのあいだには差異があるから、神話を原初的な要素に復原し、方法的に研究する必要があるのであった。

アンドルー・ラングがいみじくも指摘したように、ミュラーは真に科学的なそして歴史的な神話学の基礎をおいたのである。彼は神話の歴史的な方法を強調し、かつ地方的差異を研究する必要を説き、かつまた神話は民族の所産であって、司祭の産物ではなく、民族の宇宙観と自然観、歴史的な事件などを明瞭な形で表現したものであると論じた。

このように、神話研究も、十九世紀に入ってだんだんと精緻になってきたが、他方においては、神話の哲学的な解釈もまた、ドイツの哲学者シェリング（Friedrich Schelling 一七七五―一八五四年）によって、その『神話哲学』（一八五七年）のなかで、神話をそれ自体から理解すべきこと、神話の内容よりむしろ神話が体験されかつ信じられている強度こそが問題であるという、注目すべき説を展開していた。

自然神話学派と言語疾病説

ロマンティークがドイツの思想界に大きい影響を与えていた十八世紀末から十九世紀初めは、他方では、インドゲルマン比較言語学の勃興期だった。古代インドのサンスクリット語がギリシャ語・ラテン語や、現代ヨーロッパのおもな諸言語とともに、おなじ語族、つまりインドゲルマン語族に属することが明らかにされていった。

この新しい発見を背景として、十九世紀後半にインドゲルマン比較言語学者の一群が神話研究に進んでいった。いわゆる自然神話学派がこれである。その驍将は、ドイツのクーン（Adalbert Kuhn 一八一二—八一年）と、ドイツ生まれのイギリスの学者マックス・ミュラー（Friedrich Max Müller 一八二三—一九〇〇年）であった。デ・フリースがいうように、クーンを比較神話学の建設者と見ることができるが、クーンにとっては、神話の原初的な現象は嵐であった。そして彼は、ほとんどすべてのインドゲルマン神話は嵐という現象を神話化したのだと考えた。これに反して、マックス・ミュラーは太陽神話説をとった。それを基礎づけるのは彼の〈言語疾病《しっぺい》説〉である。

それによれば、天体現象の神話化は〈言語の疾病〉の結果、徐々に行なわれたものである。〈日が暁を逐う〉ということばも、日や暁の本原的な意味が忘れられて不明になり、そのうえ日や暁という名詞は文法上の性をもっているため、人格化される。これがさらに神格化されると、日の男神と暁の女神となり、動詞の〈逐う〉が神の行動と解されて、『リグ・ヴェーダ』に見る〈日の神が暁の女神を逐う〉という神話を生んだのである。つまり、言語の性や同一物に対する多名使用、同義語使用、詩的隠喩のような特質が誤って解釈されたときに、このような〈言語の疾病〉のおかげで神話が発生した、というのである。

このような自然神話学派には、アンドルー・ラングの執拗な攻撃をはじめとして、学界では手きびしい批判が行なわれてきた。松村武雄氏はそれらの批判をつぎの四点にまとめている。

1　自然神話学派が、神話解釈の方法として採り上げたのは、神話に現われる神々の名の言語学的比較研究だった。しかし、この方法が確実な効果をあげるためには、音韻対応の諸法則が確立していることが前提となる。だが十九世紀後半では、この点はまだ不十分であった。

2　自然神話学派は、神話の解釈にあたって、もっぱら言語学的な証拠にのみ頼り、その他のモニュマン――たとえば祭儀に用いられた物質的な事物、神話構成の因子となったことの多い民間伝承的事実――の如きを不当に無視している。

3　神話の主題を一元的に見、神話はすなわち自然現象であると見て、人文神話を無視し、かつ多くの自然現象中のただ一つの特定のものをとりあげ、それがすべての神話に通ずる主題と見たのは不当である。

4　神話を固定的なものと見て、神の名称の指示するものが、神話叙述の指標となりえない場合がはなはだ多いことを無視して、神の名からただちに神話の意味を推断する。

これらの批判はいずれももっともである。しかし、われわれは、自然神話学派が当時果たした大きい貢献も評価しなくては片手落ちであると思う。それを要約すればつぎのようになる。

1　インドゲルマン語族という一語族に共通の神話を復原しようと試みたこと。これはその後、インドゲルマン語族以外の諸語族についても、ある語族に共通の神話を復原しようという試みの先駆になった点において、高く評価すべきであろう。もっとも、そのことは自然神話学派の手つづきが、完璧なものであったというのでないことは、前記の批判点からも明らかであるが、その他にも、ヴィルヘルム・シュミット（Wilhelm Schmidt 一八六八—一九五四年）が指摘したように、インドゲルマン以前の宗教や神話が、インドゲルマン諸族の神話中に残存している事実にほとんど注意をむけなかったことなどの欠陥があげられよう。

2　たとえ欠陥は多くても、言語、ことに神名は神話研究の重要な手がかりの一つである。彼らが乱用したことを割引きすれば、この手がかりの重要性を認めたのも一つの功績であった。

3　また、自然神話学派が自然神話をあまりに重要視したことは、たしかに誤りであった。しかし、あとで述べるように、民族や文化によっては、自然神話がかなり重要なところもあるのであるから、この学派が自然神話を強調したことは、やはり、カッコづきではあるが功績と認めなくてはならない。

人類学派の登場

いままで紹介してきた神話理論や研究法は、すべて、高文化（未開文化に対して高度の文化）やかなり発達した文化をもった民族の神話をもとにして組みたてられたものであった。こういうかたよった材料の性質は、同時にこれらの理論や方法を強く制約し、一面性を与えてきた。しかし、その間において、いわゆる地理的発見時代以来、世界各地の未開民族に関する資料が蓄積され、十九世紀の半ばには民族学あるいは人類学と呼ばれる独立の学問が誕生した。

こうした新しい動きのなかで、神話研究にことに重要な貢献をしたのは、タイラーとラングであった。タイラー（E. B. Tylor 一八三二―一九一七年）は、『人類の初期の歴史の探究』（一八六五年）でもすでに神話について論じていたが、名著『原始文化』（一八七一年）において、アニミズムを宗教の起源と考えた。それによれば、睡眠とか夢とか失神とか影などのさまざまな経験から霊魂や精霊の観念が生まれた。また、精霊の観念からさらに神観念が生まれた。太陽や星辰、木や川、風や雲がみな霊魂をもち、人間や動物のような生活を送る、という原始的なアニミズムが自然神話の基礎にあるというのである。

それゆえタイラーは、未開人の神話に基礎があり、文明人の神話はその本源から発したものであるから、未開民族の神話の研究から出発すべきであると論じた。そして、各地から蒐集された同似の神話を整理して大きな比較群を作り、進化の方向をあとづけようとしたのである。

ところで、タイラーは、自然神話は事実、人類の伝承にたいしてきわめて重要な意義をもっているが、それは強力で正当な証明力によって支持されているときにかぎるといって、自然神話説を限定づきで認めていた。ところが、自然神話学派にたいして、もっとも激しい批判の矢を放ったのは、人類学派を代表するイギリスのアンドルー・ラングであった。彼は『神話・儀礼・宗教』（一八八七年）において、つぎのように論じている。

人類の生活・思想・信仰というものは進化論的に発達してきたものであるから、現存の未開民族の状態は、われわれ文明人も一度は通過したことのある状態なのだ。だから未開人から見れば、彼らの生活・思想・信仰においては、すべて合理的な要素ばかりで、なんら不合理な要素を含んでいない。しかし、この状態を過ぎ去った文明人から見ると、不合理な要素が生じてくる。このように、神話もまた、その発生にあたっては、その民族にとっては合理的な要素ばかりであったのが、文化の進化に伴って、その生活・思想・信仰に変化が生じると、神話の起源が忘れられて、合理的に思われていた分子がだんだんと不合理に思われてくる。文明人の神話に不可解な要素のあるのは、その民族が現存の未開民族と同じ文化段階にあった時代からの残存にすぎない。だから、現存未開人の神話を研究して、文明人の祖先の神話を比較考察すれば、解釈の示唆が得られるわけだ。これがラングの基本的な考えである。

またラングは、類似した神話が世界各地に存在するのは、人間の心理が基本的には同一である結果と考えたが、同時に、同一の複雑なモチーフの神話が世界各地にみられる場合には、それは伝播されたものであると説明した。

ラングによって代表される人類学派の長所はつぎのようなものである。

1　同一系統の民族あるいは歴史的接触のあった民族にかぎらず、世界大的な比較研究の道を開いたこと。

2　言語の疾病とか自然現象よりもむしろ、思想・信仰・習俗を神話解釈のよりどころとしたこと。

3　現存未開民族の神話の研究の重要性を強調したこと。

しかし、他方では、つぎのようないくつかの重要な欠点もあった。

1　類似を追うに急で、相違に十分考慮を払わない。

2　進化論的な立場が強いため、個々の神話や民族の史的過程を十分考えていない。

3　これと関係あるのは、未開民族の神話も、文明民族のあいだにおけるかかるものの残存の解明のために利用する面が強調されていて、未開民族の文化自体において神話がいかなる働きをしているかが、なおざりにされている。

4　さらに、合理主義的なものの見かたのために、神話の本質の理解が妨げられている。

天体神話学派と汎バビロニア説

われわれはいままでイギリスの学者による民族学的な神話研究の立場を見てきたが、これにややおくれて、ドイツでも、フロベニウス（Leo Frobenius 一八七三―一九三八年）やエーレンライヒをはじめとする民族学的な神話研究が盛んになってきた。しかし、その問題に入るまえに、おなじころ、つまり十九世紀の末から二十世紀初めにおけるドイツの天体神話学派に触れておこう。これは、ある意味では十九世紀後半の自然神話学派の新版ともいえるので、旧自然神話学派にたいして新自然神話学派と呼ばれることもあるのである。

ヴィルヘルム・シュミットが論じているように、天体神話学派の台頭には、二つの理由がある。その一つは、アニミズム学派が誇張に陥って、さまざまな重要な事実を見のがし、また自然神話を必要以上に拒否したことである。もう一つの理由は、この時期におけるメソポタミアの古代文明の研究の発展である。かつてインドゲルマン語族の発見によって、自然神話説が勃興したように、今度はバビロニア、エラム、アッシリア等の西アジアの古代文明についての新資料の発見が天体神話説を生みだしたのである。一九〇六年、ベルリンに比較神話学会がつくられ、『神話学双書』が発刊された。このグループに属するのは、ジーケ（E. Siecke）、ベクレン（E. Böklen）、ヒューシンク（G. Hüsing）らの太陰神話学派であって、あらたに月の神話形成力の大きいことが強調された。民族学者エーレンライヒもその影響を多分にうけたが、比較的穏健な立場を守り、一方では彼は、他の論者と異なって、神話研究の対象を古代オリエントやインドゲルマン語族に限定せず、未開民族の神話にも天体神話を見いだそうとした。

新自然神話学派の第二の群は、汎バビロニア主義者たちであった。ヴィンクラー（H. Winckler 一八六三―一九一三年）、イェレミアス（A. Jeremias 一八六四―一九三五年）、シュトゥッケン（E. Stucken 一八六五―一九三六年）がその代表者であり、第一の群と密接な関連をもちつつも、その独自な主張は二十世紀初頭の神話学界の異彩であった。

汎バビロニア説の主張によると、すべての神話は天体神話である。天界における諸現象、つまり太陽の運行や月の運行、さらに金星と十二宮との関係が、地上におけるできごとや諸関係の基準でありモデルである。天文学と占星術は、この世界観の重要な構成要素であった。この世界観は同時に宗教でもあった。そして、天体とその運行は、神の力と意志との啓示である。だから司祭たちのもっていた教義は〈神話〉として俗人のためにまとめられ、またその教理が体系化した諸事実に聖劇として提示された。諸星辰の回転の周期と天体相互の関係を示す数が聖数として重視され、これが地上における祭日の日どりや聖なる時期や暦一般を決定したのである。この全体系の起源地はバビロニアであり、紀元前三〇〇〇年にはすでに十分発達している。バビロニアから世界各地に伝播していったのである、というものであった。ヴィンクラーとシュトゥッケンは、民族移動によって、この体系が広く移動したと考え、イェレミアスは、何千年ものあいだ、個々の諸要素、ことにスバル星神話がばらばらに地上に広く伝播したと論じた。

このような天体神話学派や汎バビロニア説には、当然のことながら、多くの批判が加えられて、今日その欠点が明らかになっている。

まず第一に、両者に共通しているのは、天体の神話形成力や宗教生活における天体の重要性についての一方的な過大評価である。このことは、自然神話学派についてもいえることである。オーストリアの民族学者パウル・シェベスタ（Paul Schebesta 一八八七—一九六七年）が論じたように、自然神話学派や天体神話学派が、霊魂観念や宗教的体験は神話形成によってはじめて達成されたと見ているのは正しくない。反対に、宗教的神話が生まれる前に、宗教的性格の基本的な体験があったにちがいなく、そしてそれが神話形成のきっかけとなったのである。自然や天体の諸現象は、すでに未開人に存在している初次的な宗教的性向を刺激して、宗教のいっそうの発達に導いた。神話の対象と行動は、宗教的な諸体験であって、それが自然諸現象中に投影されて神話となったのである。

このシェベスタの批判は正当である。そればかりでなく、太陽とか月という一つの天体は、ある民族の全神話体系を決定的に特徴づけているわけではない。イェンゼン（Ad. E. Jensen 一八九九―一九六五年）はつぎのように論じている。

「太陽的神話体系とか太陰的神話体系というものはない。もしもある文化共同体の神話が太陽や月の観察によってほんとうに独占されているか、圧倒的に支配されていることが明瞭であって、すべての他のものは二次的なつけたしとしか見えない場合にのみ、こういう名称に意味があろう。事実はその逆である。つまり未開民族のところでは、神話的世界の中心は、いつも他の基本的な諸問題によって与えられており、太陽や月への関連は、ある民族では他の民族よりも重要であるとしても、いつもそれは付随的な特徴であって、本来の神話的な問題の中核をなしていないのである」

そのうえ、クラッペ（A. H. Krappe）が指摘したように、太陽神話学派や太陰神話学派は太陽神話体系や太陰神話体系を云々したばかりでなく、太陽神話と太陽宗教、太陰神話と太陰宗教を直ちに結びつける誤ちを犯したのである。たとえば、マックス・ミュラーとかグーベルナチス（Angelo de Gubernatis）とか、ジーケやジムロック（K. Simrock）のような学者にとっては、『ヴェーダ』やオリュンポスや『エッダ』の諸宗教は一種の国家宗教であった。それだから、彼らが『ヴェーダ』とか、アポロドロスや『エッダ』において太陽神話に出あったとき、太陽の崇祀や太陽神も存在したに相違ないと結論を下したのである。

他方、古代アイルランド人の場合のように、ある民族のところで太陽崇拝が存在したといわれる場合には、彼らは太陽神話も存在したにちがいないと結論した。しかし、事実を丁寧に調べてみると、まさにこの説の逆が正しいことがわかるのである。つまり、ギリシャ人は、たくさんの真正の太陽神話や太陰神話をもっていたことは疑いない。けれども彼らは土着の太陽祭祀や月祭祀は一度ももったことがなかったのである。そして、このようなものがヘレニズム時代に出現したときは、いつもオリエントからきた刺激の結果であった。一方で、アウレリウス以来のローマ人や、ペルーのインカ帝国や古代エジプトは明瞭な太陽祭祀をもっていた。けれども、もしもインカやファラオの太陽起源を神話のなかに入れないとすると、彼らのもとでは太陽神話はいちじるしく欠けているのである。太陽神話や月神話はだいたいにおいて説明神話的なものである。このような説明神話に宗教的要素は乏しいのがふつうなのである。このクラッペの批判も痛いところを突いている。

第二には、天体神話学派の大胆な学説の背景となっていたオリエントの古代文明の研究が、二十世紀初頭には、まだいわば幼年期にあったため、彼らが利用した西アジアの古代文明の資料と解釈についても不十分な段階にあったこと。

第三には、汎バビロニア主義者たちが、バビロニアから世界各地への天体神話の伝播を論ずるにあたって、厳密な方法論をもたなかったことなどがあげられよう。

しかし、今日ではわれわれは、この学派の仕事の否定的な側面だけを見るのではなく、積極的な功績をあらためて評価すべき時期にきていると思う。

まず天体神話について考えてみよう。今日の民族学の知識からみて、天体神話の重要性が過大評価されてはならないことは明らかである。つまり、民族によっては、アッサムのナガ諸族のように、日、月、星辰が神話形成のうえにたいして役割を果たしていなかったり、あるいはカメルーンのバヤ族のように、天体を純粋に合理主義的に観察し、天体を擬人化した神話が発達していないところもあるからだ。また、マリノフスキー（B. K. Malinowski 一八八四—一九四二年）が実地調査したニューギニア東南のトロブリアンド島を含むメラネシアの多くの地方においても、天体神話や自然神話は貧弱である。

だが、そうかといって、マリノフスキーのように、トロブリアンド島の経験を一般化して、「未開人が自然にたいして純粋に芸術的なあるいは科学的な関心を有するとしても、それはひじょうにわずかな程度であり、だから彼らの観念や物語のうちには象徴主義を容れる余地はほとんどない」とまで極言してよいであろうか？

ここで注意しておきたいことは、天体神話が大きな発達をしている一群の文化があることだ。（といっても、けっしてそこの神話のすべてが天体神話であるのではないが）。それは高文化の名でまとめられる古代文明の一群である。汎バビロニア説の批判者ヴィルヘルム・シュミットも、古代オリエント、インド、中国、中米、ペルーにおいて天体神話、宗教、祭儀、道徳、法におけるいちじるしい類似に注意をむけたのは、汎バビロニア説の真の功績であると論じた。事実、これらの初期高文化の世界観は、すこぶる宇宙論的である。ヘッケル（Josef Haekel 一九〇七―七三年）の表現を借りると、「人間生活の諸テーマが星辰の運行に投射され、あるいは逆に人物によって充たされた宇宙が地上の事物にたいして神話的な背景を提供しているのである」。

このような宇宙論的な世界像、ことに大宇宙と小宇宙の対応については、第七章世界像の諸類型のところでまた触れることにしよう。

第二は汎バビロニア説が、ことにイェレミアスの学説がのちの宗教学者（たとえばエリアーデ M. Eliade 一九〇七―八六年）に持続的な影響をおよぼしたことである。つまり、スウェーデンの宗教学者エズマン（C. M. Edsman）が指摘しているように、神話と儀礼との関連、王が新年祭において演じた役割、教説の祭儀的表現など、宗教現象における本質的な諸事物が汎バビロニア主義者たちの注意を喚起し、それがのちの宗教学者たちにも影響を及ぼしたのである。汎バビロニア説は、一九二〇年代にさかんになった旧約聖書研究における、いわゆる祭儀史学派において、一種のルネサンスをむかえた。その際、ウガリト（カナーン）で発見されたさまざまのテクストが、メソポタミアとイスラエルとのあいだの重要なつなぎ目として加わったのである。しかしそのときには天体神話説の色彩は大部分失われていた。

第三に汎バビロニア説が、世界の諸神話をすべてバビロニア起源の天体神話であると考えたのは、たしかにゆき過ぎであった。けれども、オリエントの高文化地帯から、未開民族をも含めて世界の各地に文化の伝播が行なわれ、その影響や刺激が及んでいったことは、近年ますます明らかにされつつある事実である。

そして神話の領域においても、オリエントの高文化地帯からさまざまの神話のモチーフが放射されたことの人類史上の重要性は、最近ドイツの民族学者バウマン（Hermann Baumann 一九〇二―七二年）が強調したところである。こうみてくると、汎バビロニア主義者たちは、この重要な問題を予感した先駆者として評価されなくてはならない。シュトウッケンの精力的な神話の比較も、エーレンライヒやシュミットが批判したように、方法的には不備なものであったが、再検討してみる必要があるかもしれない。

歴史民族学と神話研究

ところで、天体神話学派が活躍していた十九世紀末から二十世紀初めの時期に、ドイツでは民族学者たちもまた、神話研究に重要な仕事を始めた。それはイギリスの人類学派とは異なった色彩をもったものであった。その学説は、まだ自然神話説や天体神話の影響もうかがえるが、他方では、膨大な未開民族の神話資料を歴史民族学的に整理した初期の試みであった。この時期を代表する学者として、レオ・フロベニウス、エーレンライヒ、グレープナー（Fritz Graebner 一八七七―一九三四年）、シュミットなどをあげることができよう。

フロベニウスの神話研究は、彼の『未開民族の世界観』（一八九八年）をもって、その輝かしい第一歩を踏みだした。この本のなかでは、彼のその後の研究に現われる基本的な見解の多くがすでに述べられている。この早熟な天才はわずか二十五歳だった。彼の説を一部引用しておこう。

「世界観という語のもとに、諸民族が知識と信仰に関してもっているすべてのものが総括されている。……未開民族の諸世界観のあいだには、人間の関心、因果関係の問題の量が拡大し、こうして、神話の活動領域がだんだん広がっていくかぎりにおいて、重点の推移が観察できる。……神話のもっとも低い段階として動物神話があげられねばならない。ここではアニマリズムを云々してさしつかえない。この時代における人間は、まだ自分は自然の機構の同格の一部分にしかすぎないと思っているのであって、非理性的な動物にたいして、人間が理性的であるとも、またより完全であり能力がすぐれているともけっして思ってはいない。アニマリズムから分かれ出たものとしては、トーテミズムと動物寓話の名をあげることができる。

ことによるとこれと同様に古いものであるが、のちになってはじめて開花するようになった世界観の部分をなしているのがマニズム、つまり祖先崇拝である。……マニズムの時代は、それから高級神話が成長する先駆としての低級神話である。最初の段階では、人間はまだ天体の運行や夜に注目していない。人間の関心の範囲は仲間の人間の運命を越えておらず、死の問題に結びついている。そしてのちの段階になるとすばらしい太陽神話の花が咲く。つまり、生成、成長の像としての太陽、光線や生命を支えるものとしての太陽が、あらゆる詩作や努力の中心となる。人間の生涯と万物の存在は太陽に結びつけられる。太陽的世界観の壮大な時代に到達したのである。

太陽的世界観に先行するものが、太陰的世界観である。それはまだ不明瞭であり、まだマニズムと密接にからみあっている。そして月は、のちの神話における太陽ほどの高い地位を神話のなかではまだまだ占めていなかった。マニズムと太陰的な世界観のこの時代にとって特徴的なのは、いたるところで死と死の起源についての質問が現われてくることだ。この時代の人間の心を悩ましていたものは、まだ起源でなく終末であり、死である」

この壮大な見通しは、今日のわれわれの目から見ても、宇宙論的世界観を太陽的世界観と呼んでいる点などには問題があるが、大綱においては承認することのできる、すぐれた、そして示唆に富んだものであった。フロベニウスは、のちに『太陽神の時代』（一九〇四年）と『大陸の文化領域について』（一九二三年）で、太陽神話的世界観を詳しく論じている。

天体神話説がエーレンライヒに強い影響を与えたことはまえにも述べた。たとえばエーレンライヒはこういっている。

「すべての神話が自然神話なのではないが、意味の疑わしい神話は、その自然という成分をもっているかどうかしらべてみなければならないだろう。なぜならば、自然神話だけが、より確実な解釈の手がかりをもっているからだ。自然神話が出発点をなしている自然観からの説明が成功しないときはじめて、われわれは社会学的な見かたとか、アニミズム的な見かたとかの、他の見かたに目を向ける」

なにはともあれ、どの神話もいちおう自然神話として解釈してみるというゆきかただ。しかし、まえにも述べたように、自然神話的な解釈は、そのように大きい権能をもつものでないことは今日明らかである。バウマンが論じたように、「純粋に自然神話的な研究法は、ほんとうに自然神話あるいは自然観が存在している場合にだけ試みられるべきである。実際にある文化群がその世界観において自然神話を認めている場合にだけ、神話解釈にあたって自然の基礎を想定してさしつかえない」

エーレンライヒは、フロベニウスやグレープナーやシュミットとちがって、大きい文化圏的な神話の体系化を試みなかった。しかし、彼の『一般神話学』(一九一〇年)は、よきにつけ悪しきにつけ、グレープナーやシュミットに大きな影響を及ぼした。その影響のなかには、天体神話的な解釈を偏愛する傾向があったことは記憶してよい。その点は別として、『一般神話学』は民族学的な立場から書かれた、今日までのところ唯一の神話学概論であって、古くなってしまったところも多いが、それでも、今なおさまざまの点において価値を保っているのである。

未開民族の神話を、全世界に及ぶ規模で歴史民族学的に、段階や系統を明らかにする整理の試みは、グレープナーによって発展させられた。彼は、『未開人の世界像』(一九二四年）で、人類の文化のなかに、母権文化と父権文化という二つの大きい群を区別し、母権文化における月神話、父権文化における太陽神話という構想を展開した。

グレープナーによれば、母権文化では、神話は一方においてはアニミズム的な表象、他方においては農耕という経済的要求に対応するように作られる。前期母権文化の神話において役割を演ずるのは元来は月だけであった。月のみちかけの相は女性の月経や生殖の様式と関係がある。こうして月は、いろいろ擬人化されて把握されるようになる。夜の天体である月は、露の製作者であって、湿潤と関係があり、作物の生産者とみなされている。そしてグレープナーは双生児神話や洪水神話を月神話として解釈した。

では、父権文化においてはどうであったろうか？　トーテミズム文化の神話においては、すでに日や月や、宵と暁の明星が現われているが、太陽が中心となっている。父権文化では太陽のように明るく広いことが喜ばれるのだ。すべての父権文化を一貫しているのは、大魚に嚥みこまれ、吐き出されるヨナ・モチーフである。グレープナーは、さらに、火盗み神話、膝からの出生譚、卵生神話、天地分離の神話をも父権文化に属させたのである。

このグレープナーの構想と、シュミットの構想とは基本的には同じである。シュミットは、太陽神話は父権トーテミズム的高級狩猟民文化圏に属し、月神話は母権栽培民文化圏に属すると考えた。ただシュミットの特徴は、彼が最古層の文化と考えた原始的な採集狩猟民文化である、原文化における創造神話を重要視したことである。

ところで、バウマンが一九三六年に指摘したように、これらの歴史民族学の代表者たちの、自然神話あるいは天体神話についてのとりあつかいは、それまでの学説、ことに天体神話説とは大きな相違があることである。つまり、天体神話論者は、すべての民族のもとにおいて自然神話的な思考法への傾向が存することをはじめから前提としており、人類の諸文化をいくつかの群に区別しないで、同一視したのである。しかし、歴史民族学的研究の結果、若干の民族群は、天体の運行を神話に加工することにたいしてまったくセンスをもっていないが、他の民族群ではきわめて多くのセンスをもっていること、また若干の民族群は、月あるいは太陽だけを中心においているということは、今日では確定的であるようにみえる。

このバウマンの指摘にも明らかなように、太陽神話や月神話が、特定の諸文化においてのみ特徴的に発達していることについての発見は、たしかに歴史民族学が行なった大きな貢献であった。しかし、グレープナーやシュミットの文化圏体系における、父権文化での太陽神話と母権文化での月神話という図式は、文化圏説の体系全体と同様に、大きい限界があった。問題は、もっと精緻なとりあつかいを必要とする。ここでは、ドイツの民族学者バウマンがアフリカの場合について論じたところを聞こう。

「父権的にせよ、母権的にせよ、古層農耕諸文化の世界観は、〈大地―肉体―霊魂―生と死〉という公式にまとめることができる。これらの事物をめぐって全世界像が形成され、それはおそろしく内面化され、そして大地に根ざしたものである。しかし、狩猟民的―牧畜民的な諸基本文化の世界像は、これよりもはるかに広範であり分岐が多い。つまり、この自然―世界観の、本来の素材としての〈森林―海―天と星辰―動物―力質〉という公式は、おそろしく拡大された視野を示唆している。この二つの公式からわれわれは――もしも世界観と神話の同一視というわれわれの前提が正しいと仮定するならば――神話が自然神話のみではありえないことを認識できる。

つまり、自然―世界観というものは、大きな規模においては、ほとんど、狩猟民的―牧畜民的な基本的な諸文化と、本質的にはその上に打ち建てられたより若い諸文化〔高文化〕においてのみ固有のものなのである。しかし未開農耕民は、まず第一に、アニミズム、マニズムの諸問題、つまり肉体と霊魂の運命を説明する神話をもっている。月と関連づける傾向すらも、ここでは人間的な生物的な関係をもっている」

バウマンはまた一九五九年に、グレープナーらの父権文化の太陽神話、母権文化の太陰神話という公式に関連して、研究の現状をつぎのようにまとめている。

「われわれは今日このように簡単な〔公式的〕解決をそのままうけとることはもうできな

い。現代の文化史的民族学は、歴史的な新旧の層を区別するもっと精巧なさまざまな方法を発見した。それにもかかわらず、われわれはまだ文化史的に基礎づけられた民族学的な神話研究の、まだまったく発端にある。この神話研究とは、全文化および民族群をその神話的創造を通じての——いままでやっと不明瞭に見えているだけの——性格づけを意味するばかりでなく、また研究の大きな目標として、あらゆる個々の神話の時間における結びつきの証明を要求する必要がある」

そして、このような新しい歴史民族学的な神話研究は、ことにイェンゼンが作物起源神話の研究を行なったことや、バウマン自身が『双性』(一九五五年)における高文化的世界像の世界各地への伝播を追跡したことによって、力強くおしすすめられているのである。

神話の理解と民族学

二十世紀における神話研究の大きな特徴は、民族学の比重がいちじるしく高まったことである。その理由の一つはまえに述べたように、量的にも豊富になってきた世界の未開民族の神話に関する資料が、大規模な歴史民族学的な研究を可能にしたことである。第二は、民族学が未開民族をそのおもな研究対象としていることから、従来の古典研究から出発した場合のように、高文化的な神話の特質をそのまま神話の本質とは見ずに、未開民族の神話から別の解釈を行なう可能性をもっていることである。第三は、民族学が人類、ことに未開民族の文化全体をとりあつかう学問であることが、他の特殊科学にくらべていろいろな利点をもっていることである。エーレンライヒは二と三をまとめたかたちで一九一〇年につぎのように述べている。

「人類普遍の現象としての神話の解明には、人間精神のさまざまな表現を、物質的に、また精神的文化財としての全体において通観し、かつまた比較という道によって到達可能な、もっとも単純な諸形式にまで追跡しようと努力している学問が、ことに適任である。つまりそれは一般文化科学としての民族学である」

第四の理由は、民族学は生きている神話を研究できることである。マリノフスキーは、一九二六年にこういっている。

「私は未開社会において機能を果たし、活動している神話の研究が、いっそう高度な文明の資料から出された結論に先行しなければならないと信じている。この高度の文明の資料とは、実際生活においてその活動の場所をもたず、つまりその社会的な脈絡をもたず、遊離した文学的原典のうちにおいてのみわれわれに伝わってきた。そのような神話は、古代ギリシャ・ローマの神話であり、オリエントの死せる文化の神話である。神話の研究においては、古典学者は人類学者から学ばなければならない」

生きた神話を研究できるという民族学の利点は、すぐれた古典学者であるヴァルター・オットー（Walter F. Otto 一八七四―一九五八年）もまた認めたところであった。ギリシャ神話をかなりのちになって詩人が発明したのではないことを明らかにするために、彼は未開民族の神話とギリシャ神話との比較の必要を論じたのである。

このようにして、二十世紀の神話研究は、民族学者の側からの理論的なそして実証的な研究を抜きにしては、もはや語ることはできない。しかし、かつて天体神話学派が、自分の専攻領域の古代オリエント神話の特徴を誇張し、一般化して失敗したのと同じような誤りを犯すものが、民族学者のなかにもけっしていないわけではなかった。たとえば、マリノフスキーの神話論はすぐれたものではあったが、彼はニューギニア東南のトロブリアンド島という一地域の神話の特徴を一般化したため、神話における説明的な性格を否定したり、呪術的な性格を過大評価するという誤りを犯している。

またアメリカの民族学者ポール・ラディン（Paul Radin 一八八三―一九五九年）が、ウィネバゴ族をはじめとして北米インディアン諸族の例にもとづいて、神話はハッピー・エンドをもつのにたいして、物語は、たとえいつもではないにせよ、悲劇的な結末をもつものであるという、神話と物語との様式上の相違を論じたが、これなどは、地球上の他の地域についても、はたして一般化できるかどうかきわめて疑わしいといわなくてはならない。

これからみてもわかるように、民族学は生きた神話を研究するという強味があるが、一地域の神話の調査は、いかにすぐれたものであっても、神話の一般理論を形成するにあたっては、大きな限界をもつことを銘記する必要がある。深い局地研究と広い比較の視野とがあい伴ってこそ、神話一般の理論の形成は可能なのである。

ところで、過去四分の一世紀のあいだに、宗教民族学には大きい転回が見られた。それはイェンゼン、ファン・デル・レーウ（G. van der Leeuw 一八九〇―一九五〇年）、ケレーニイ（K. Kerényi 一八九七―一九七三年）、エリアーデ、ペッタッツォーニ（R. Pettazzoni 一八八三―一九五九年）などの一連の中部ヨーロッパの学者の名と結びついたものであり、ヴェルナー・ミュラー（Werner Müller）が〈コペルニクス的重要性〉をもつと称したほどの大きな動きであった。この新しい発展の中心的な思想は、ヨーロッパ諸民族以外の民族の宗教を、その民族の宗教自体から、彼ら自身の思考体系をもって理解するということであった。

この一連の動きは当然神話の見かたにも大きな変化を及ぼした。イタリアの宗教民族学者ペッタッツォーニは、紀元前六世紀から今日にいたるまでの西洋において、神話にたいする軽蔑が神話についての思索を特徴づけてきたことについて語ったのちにつぎのように述べている。

「われわれが神話学的諸研究において徹底的な変化が生じたのを見るのは、われわれ自身の時代においてのみである。神話学が神話についての真の科学であることを妨げていた、伝統的な反神話的な態度から切り離されて、神話を組織的に否定することを放棄して、科学的精神に即した立場をとるようになったのは、われわれの時代においてである。神話の真の価値、つまりヴィーコのいう意味における単なる詩的価値や、クロイツァー流の寓意論者たちの意味における象徴的価値でなく、積極的な、具体的な価値、機能的な価値、つまり人類の条件に関しての実存的な価値の発見への道を開いたのは、プロイス（Konrad Theodor Preuss 一八六九―一九三八年）やマリノフスキーやレヴィ＝ブリュール（L. Lévy-Bruhl 一八五七―一九三九年）の諸研究であり、彼らのすぐ後を追ってなされたファン・デル・レーウの研究や、その他の学者の諸研究なのである」

このような新しい民族学的神話研究の基本的な立場を表明し、のちのイェンゼンやエリアーデなどの説の先駆となったのは、ベルリンの民族学者プロイスにほかならない。彼はメキシコやコロンビアの民族学的な実地調査によって数多くの神話を集めたばかりでなく、いくつかの論文や書物において彼は、神話の理論についての重要な貢献を行なった。『神話の宗教的成分』（一九三三年）で、彼はつぎのように述べている。

儀礼と神話は、原古に起こり、そしてまた、宇宙と社会の秩序の維持に決定的な重要性をもつ行為のくりかえしである。それゆえこの行為は、行動としては儀礼、語りものとしては神話によって不断に更新されねばならない。両者はわかちがたくたがいに結びついている。儀礼は神話によってその意味が明らかにされねば効力を失い、神話は儀礼によって描きだされねば不毛である。神話が儀礼の意味を明らかにさせるかぎりにおいて、神話は儀礼の解釈をあたえているのである。

プロイスのこの基本的な考えとほとんどおなじものをわれわれは、イェンゼン、ペッタッツォーニ、ファン・デル・レーウ、エリアーデなどの学者の著書に見いだすことができる。この基本的な考えは、ヨーロッパ大陸における神話研究の長い歴史の到達点であり、今後の神話研究にとって基礎を提供するものであるといってよい。これらの諸研究については、以下の各章で詳しく触れることにしたい。また、ここには名をあげなかった学者でも重要な研究を行なったものも多い。

古典神話研究の進展

このような動きの一方では、ギリシャ古典の研究者たちによる神話の研究も進んでいった。二十世紀の初めにおいて、イギリスのハリソン（J. E. Harrison 一八五〇―一九二八年）は、日本でもよく知られているように、神話は儀礼から生まれ、儀礼が死んでも神話は文学や美術などのなかに生きのびるものであると論じて、儀礼主義的立場をとり、イギリスその他でかなりの影響があったが、この儀礼主義は、神話の本質をついたものとはいえなかった。

これに反して、神話の本質について深い考察を行なったのはドイツの古典学者ヴァルター・オットーと、その弟子のハンガリー系のスイスの学者カール・ケレーニイである。ヴィラモーヴィッツ・メレンドルフ（U. von Wilamowitz-Moellendorff 一八四八—一九三一年）のような大家すらもが、神話における真実性を拒否し、神話は詩人の産物であるとしていたとき、神話が真実のことばであり、神話と儀礼がわかちがたい関係にあることを指摘したのはオットーであったし、また神話が事物を説明するのでなくて、事物を基礎づけること、つまり〈なぜ〉（warum）という質問にたいしてではなく〈どんな原因によって〉（woher）という質問にたいして答えるものであると論じたのはケレーニイであった。このようにして古典学者の側からも、基本的な点においては民族学者の神話観と一致する見かたが出てきたのである。

神話を神話自体から解釈する

ところで、神話を解釈する方法には二つの大きい流れがある。一方では神話が社会的活動と密接にそして直接的に結びついており、ことに神話とそれに結びついた儀礼とは同一のものの二つの側面だと考える立場である。そして、この立場が今日、主導的な地位を占めていることはいままで述べてきたとおりである。神話を社会から見ようとしたデュルケームやマリノフスキーもこの流れに入るとみてよい。

しかし、これが神話を解釈する唯一の方法なのではない。神話を神話自体から解釈するゆきかたもある。ニュアンスの相違はあるが、シェリング、前期自然神話学派や、ある意味ではフレイザー（J. G. Frazer 一八五四―一九四一年）、フロイト（S. Freud 一八五六―一九三九年）や、初期のカッシーラー（E. Cassirer 一八七四―一九四五年）は、リーチ（E. R. Leach）の表現をかりると、神話はいわば〈物自体〉として、それが語られる社会的文脈になんら直接言及することなしに解釈できる、つまり神話の意味はことば自体の考察から発見できるという立場をとっていた。文化圏説にも、かなりこの傾向がみられた。

この立場は最近になって、フランスの民族学者レヴィ＝ストロース（C. Lévi-Strauss 一九〇八―二〇〇九年）によって新しく強調されるにいたった。言語には、通常の話し手には意識されていなくても文法があって、言語に構造が与えられている。同じように神話には、個々の要素ではなくて、全体の構成のしかたに意味がある。ある神話が演じられるさまざまの平面、つまり地理的なレベルとか、社会学的なレベル、宇宙論的なレベルを分離して互いに比較すると、これらすべてのレベルに共通している基本的な論理的構造が現われてくる。このような神話的思考の文法のようなものを発見するのが、神話の構造的分析である。

このような立場から、彼はアメリカ大陸のさまざまな神話に分析を試みた。たとえば、北西海岸のツィムシアン族のアスディワル神話の基本的な構造としてつぎのような分析をしている。

女性的	男性的
東—西軸	上—下軸
飢饉	豊富
運動	硬直

このレヴィ＝ストロースの考えは、ある意味では、デュルケーム以来のフランス社会学に伝統的な、思考の範疇論の発展であるといってもよいであろう。また、レヴィ＝ストロースのような神話の構造分析は、すでにオランダのライデン学派のロッヘル（G. W. Locher）やラッセルス（W. H. Rassers）などが手がけていたことも記しておく必要がある。

問題は、構造的分析であれなんであれ、神話を神話自体から理解するゆきかたについての評価である。このような方法が、神話研究の方法の一つとして、価値をもっていることは明らかである。つまり、ある現象を他のものとの関連において研究することによって、その現象の本質が明らかになるとはかぎらない。神話においても同様である。外から調べていってとり残されてしまうような核は、神話をそれ自体から研究することによってのみ明らかにされるものである。その意味からいって、なんらかの形において、神話を神話自体から研究することは必要であり、事実、多くの学者は、意識的にあるいは無意識的にこの方法を、単独で、あるいは儀礼との関連からの研究と併用して用いてきた。

ところで、この方法にはいくつかの問題がある。まず、神話を神話自体から研究するという方法は、他の方法を排除するものでなく、神話の真の理解のためには両方が必要なのである。また、神話を神話自体から解釈する方法では、他の方法の場合よりも解釈のしすぎや、研究者の頭のなかにある図式を神話のなかに発見するというわなに陥る危険が大きい。つまり適当な検証の方法を考える必要があるのである。神話の研究法としては、神話を他の文化の面との関係においてとらえるゆきかたも、神話自体から研究するゆきかたも、ともに必要であり、それはまた同時にそれぞれ限界をもっているのだ。

私はいままで、テアゲネス以来現在にいたるまでの神話研究の歩みをふりかえってきた。つぎからつぎに学派が交代し、新しい学説や解釈が生まれてきた。しかしそのような動きをとおして、それぞれの学派や学説の根拠と妥当する範囲を明らかにして、一歩一歩、普遍的に神話の理論に近づいてきた。ここでわれわれは、神話とはなにかという問題に向かうことにしよう。

Ⅱ　神話とはなにか?

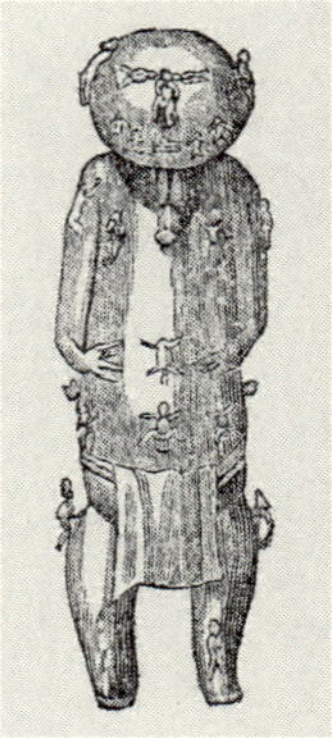
ポリネシアのターナロア神

説話の分類

「神話とはなにか?」とはむずかしい問題である。この問題を研究している学者の数だけ神話の定義もまた存在する、といってもいいすぎではないほどだ。しかも単に個々の学者によって神話の定義がちがうばかりでなく、民族が異なり、文化がちがっていると、神話に関する観念もまた、大きく相違してくることがしばしばである。

ここでまずイギリスの民族学者マリノフスキーの考えを紹介しよう。彼は昔話(tale)と伝説(legend)と神話(myth)の三つを区別して、こう述べている。

昔話は娯楽のために語られ、伝説はまじめな叙述をしたり、社会的な功名心を満足させるために語られる。これに反して神話は、単に真実なものとしてではなく、畏敬すべきもの、神聖なものとして考えられ、重要な文化的な役割を果たす。昔話は季節に応じて演じられる社交性の一種の表現であり、伝説は異常な現実との接触によってひきおこされたものであって、過去の歴史的な回想を示す。神話は、祭儀や式典や、社会的な、あるいは道徳的な規則が、その正当な権能や伝統性の保証を要求したり、その真実性や神聖性を要求するときにはじめて働いてくる。

単なる昔話では社会的な脈絡が狭いのに反して、伝説は部落の部族的な生活のなかにいっそう深く入りこむ。しかし神話はもっとも重要な機能を果たしている。つまり、現代の生活のなかに今なお生きている原始的な現実の叙述としての、また先例による正当化としての神話は、道徳的な価値や社会的な秩序や、呪術的な信仰の回顧的な典型を提供している。それゆえ、神話は単なる叙述でもなければ、科学の一種でもなく、また芸術や歴史の一部門でもなければ、説明的な物語でもない。

神話は、伝統の本質、文化の連続性、老若間の関係、過去にたいする人間の態度などに緊密に結合された、それ自身の機能を果たす。神話の機能は伝統を強化し、それをたどると太初の事件のより高い、よりすぐれた、より超自然的な現実に立ちかえることによって、それにいっそう偉大な価値と威信を与えるものである。また神話はあらゆる文化の欠かせぬ要素であり、たえず新生される。神話はなによりも文化形成力である。

だいぶ抽象的な議論になってわかりにくかったかもしれないが、このマリノフスキーの神話論はたしかに神話というものの本質的な一面をついており、そのために多くの学者によって利用されたのである。だから、われわれは、ともすると、神話・伝説・昔話の三つについてのこの性格づけが、世界中いつどこでも通用する普遍妥当的なものであるという錯覚に陥りかねない。しかし、マリノフスキーのこの説は、ニューギニア東南の小島トロブリアンド島の実地調査にもとづいてたてられたものだ。だから別の民族のところで行なわれている分類と性格づけは、これと同じとはかぎらないのである。

トロブリアンド島とはちがっている例をすこし紹介しておこう。最近のレイモンド・ファース（R. Firth 一九〇一―二〇〇二年）の報告によると、ポリネシアのティコピア島民は、つぎのような分類をもちいている。

1 ararafanga 比較的最近のできごとや人物に関する話。
2 taratupua 遠い昔のことに関する伝統的な、そして半神聖な物語。
3 kai 強力な劇的興味をもち、きまった叙述の形式にしたがった話。

そしてこれら三つの範疇はおたがいに排除しあうような性格のものではないという。ファースが論じているように、これなどはトロブリアンド島民の分類とは、規準のとりかたや、力点のおきどころがだいぶちがっている。それでもまだここでは三分法をもちいており、1の ararafanga は伝説、2の taratupua は神話、3の kai は昔話にほぼ相当するということができる。

ところが、世界には、三分法ではなくて、二分法の民族も多い。フルトクランツ（Å. Hultkrantz）の研究によると、北米インディアンのところでは、大多数の場合、神話と伝説という二つの範疇があるだけであって、若干の部族には昔話もあるが、その数はいつもかなりかぎられたものであった。

ニューギニア東北部のカイ族になると口誦伝承の範疇はただ一つだけになってしまう。報告者カイサー（Ch. Keysser）はこれを Sage（伝説）というドイツ語で表現している。つまり、ザーゲがあるだけであって、昔話も寓話もない。われわれが寓話とみなすものも、カイ族にとってはザーゲなのである。このような事実からみて、カイサーがザーゲと呼んだのは、だいたい、神話と伝説の両者を含めた大きい範疇であると思われる。

このように、民族が異なり、文化がちがうと、それに応じて口誦伝承の分類も相違し、また神話にあたる範疇の内容もかなりニュアンスの相違がある。だからマリノフスキーのように、たまたま自分が調査した民族の分類や概念をもってきて、それを一般化して世界中どこでもあてはまると考えるのは正しくない。またそうかといって、世界の諸民族の神話や伝説の概念はみなちがっていて、なにも共通するところがないと、野放しの状態にしておくのもまちがっている。

事実、一見おおいにちがっているようにみえるこれらの概念も、よく調べてみると、アクセントのおきどころこそちがえ、共通している面もすくなくない。この点に注目することによってわれわれは、神話の本質に迫ることもできるし、また学問上の術語としての神話・伝説・昔話の妥当な概念内容を決めることもできるのである。

それでは、このような比較研究をもとにして説話の諸範疇の内容を明らかにするものとして、どのような試みがあるだろうか？　私の見るところでは、もっともすぐれているのはミュンヘン大学のヘルマン・バウマン教授の試みと、ストックホルム大学のフルトクランツ教授の試みである。フルトクランツは、説話を神話・伝説・昔話に分け、バウマンは、もっと細かく分けて、その他の範疇も数えあげている。しかし、説話の範疇として一番重要であり、また分布も広いのはこの三つであるから、ここでは、バウマンがあげた他の範疇はとりあげないで、神話・伝説・昔話の三つにしぼることにしよう。

神話

バウマンによれば、神話とはつぎのような特徴をもつものである。

a　事物の起源、原古の生物、神々の行為と彼らの人間への関係についての、目に見えるように物語られた報告である。

b　真実であると考えられている報告であって、それはその民族の世界観の確定された諸要素からなりたっている。「疑いもなく神話的真実なるものが存在する。もしそうでなければ、どうして神話が人々のあいだで信じられることができたであろうか？」これはイェンゼンの有名なことばである。

c　神話の登場人物は、人間社会を超えた存在であって、彼ら登場人物が原古の時代に基礎づけを行なったのである。つまり、神々、部族の祖先、原古の英雄、文化英雄（原古に人類に文化をもたらした英雄）、それにまた人間の原型や、人間的な事物や人間の環境を創造し、惹起した者たちである。行為する事実や植物や動物なども、すくなくとも行為と意図においては完全に人間化して現われる。

d　行為の時は、形成的な原古であって、このときにすべての本質的なものが基礎づけられたのである。

プロイスはこのことについてつぎのように論じている。「未開民族の神話を注意深く読んだ人はだれでも、いつも最初の出来事が伝えられていることに重点があるのに気づくだろう。……たとえば森のなかをとおりぬけるある人物が文化英雄であることが判明する。なぜならば、彼らが動物や樹木に名をつけたり、なにか他の行動をしたからである。つまり、命名によってその事物は人類のために確保され、〔文化英雄の〕行動によってそれらのものは人類のものとなり、あるいは害を与えるものが絶滅されたのである」

つまり原古における最初の出来事によって、今日の事物や秩序が定まったのである。

e　行為の場所は、とりわけて原古の地上であるが、そのつぎには、天あるいは地下である。

f　神話の決定的な機能は説明する機能と、証明する機能である。神話は、存在するものを説明して、理解できるようにするばかりでなく、同時に、一回的な原古の出来事によって基礎づけ、また証明しなくてはならない。日常の行動は神話で基礎づけられて厳粛なものになる。説明し、証明する機能は、環境の諸現象ばかりでなく、人間の社会、文化の創造にも関係しうるものである。

フルトクランツが述べていることも、本質的には、これと大差はない。ただバウマンが述べていない点で重要なのは、神話で語られている原古に完成した出来事は、今日でも関心の対象であり、その意味では時間をこえたものであり、永遠のものであるという点だ。

真の神話と説明神話

「神話とはなにか?」という問題で、しばしば論じられているのは、いわゆる説明神話をどうみたらよいかという点である。『古事記』に、アメノウズメが天孫降臨のあとで、さまざまな魚や海の動物をあつめて、天神の子に仕えるかどうかを問うた話がある。

——魚たちはみな、「仕え奉らむ」と答えたが、海鼠《なまこ》は答えなかった。そこでアメノウズメは、「この口や、答えせぬ口」といって紐小刀《ひもかたな》でその口を裂いた。それだから今なお海鼠の口は裂けているのである。

また、南アフリカのバロツェ族の伝承によると、

——原古において河馬のながい毛の毛皮に火がついたので、河馬は火を消すために河にとびこんだ。以来河馬は河のなかに住んでいる。

さらに、南ニューギニアのマリンド・アニム族はこう伝えている。

——アラメムブというデマ神（原古の存在）が性的な乱痴気騒ぎを伴っているマヨ祭儀に参加しようとした。そのとき彼はウアバが一人の女と性交しているのを見つけた。デマ神は彼をつかまえ、彼をこの姿勢から自由にするために、ゆさぶりまわした。突如として煙や火が立ちのぼった。つまりこの摩擦の過程によって火が生じたのである。この性交のすぐあとで、この女は一羽のヒクイドリと巨大なコウノトリを生んだ。この二羽の鳥の羽が黒いのは、煤《すす》がついたからだ。おまけにコウノトリは足を焼き、ヒクイドリは頸の贅肉《ぜいにく》を焼いてしまった。だから、そういうところは赤いのである。

こういうのが説明神話である。そして世界の多くの民族は自身で、真の神話と偽の説明神話を区別している。

〈真の神話〉が、人生にたいして本質的かつ決定的な事物を対象としており、したがってその真実性はきわめて重要なものであるのにたいして、説明神話の対象となっているのは、ある動物や植物などの一部の特徴のように、だいたいにおいて非本質的な副次的なものであって、その真実性はたいして重要とはうけとられていない。つまり〈真の神話〉は、人生にとって本質的な事物を〈基礎づける〉のにたいして、説明神話は副次的な事物を〈説明する〉のである。だから、説明神話はしばしば、肩のこらない娯楽の役目を果たしている。

イェンゼンが論じているように、真の神話も説明神話も、原古における特定の出来事をとりあつかっている。しかし、説明神話には、真の神話にとって本質的な宗教的基礎と真実性が欠けているのである。

ただ、ここで気をつけておきたいことが一つある。それは、いちおうは説明神話ではあるが、その話の狙いは単にある現象の説明ではなく、別の事実の基礎づけにあり、つまり別の面で真の神話である場合があることである。さきにあげたアメノウズメが海鼠の口を裂いた例もじつはそうである。『古事記』を見ると、海鼠の口を裂いた話のすぐあとに、

「是《これ》を以て御世《みよみよ》、嶋の速贄《はやにえ》献れる時に、猨女君《さるめのきみ》等に給う也」とある。つまり、これによって、猨女君の権利を基礎づけており、説明神話的な側面は、この本格的な神話の一部にしかすぎないのである。

また中央オーストラリアのピチャンジャラ族にスバル星の起源の神話がある。——ユーラという老人が女をさがしていた。ある日、彼は七人の姉妹を見つけ、これを追いかけまわした。彼が旅するにつれて、そのあとに、夢みるワンカリーンガという山脈をのこした。彼は野営し、彼の槍をおいた。彼が立ち去ったあと、槍のように長い石、ティチェーングンガがのこった。こうして、旅から旅を重ねて七人の姉妹を追いかけたユーラは、水穴にまで追いつめた。すると姉妹はそのなかに飛びこみ、その精霊は天に昇ってスバル星となり、あとを追って水中に飛びこんだユーラの精霊も天に昇って、スバル星を追いかける大きい星になった。

この神話はギリシャのスバル星とオリオンの神話を思いださせるところもある説明神話であるが、それがすべてではない。アメリカの民族学者グリーンウェイ（J. Greenway）が論じたように、この神話は、ピチャンジャラ族がこの土地を占めていることを基礎づけているのである。夢みるワンカリーンガ山脈もティチェーングンガの石も、みなこの神話的な原古の存在ユーラの創造の証言であり、これによって彼らがこの土地を占めている正当性が基礎づけられているのだ。

日本の『風土記』にみちみちている地名説話の多くも、じつは単なる説明神話ではなく、これと同様に、真の神話の性格を見せているのである。ただここで、すべての説明神話が、真の神話としての側面も見せていたり、あるいは真の神話から堕落したものでもないことを注意しておこう。

伝説

バウマンは伝説をSageとLegende（独）の二つに分けているが、共通点も多く、また日本語ではそれぞれのことばに当たる概念もないから、ここではフルトクランツのように、一つとしてとりあつかったほうがよいであろう。このような意味における伝説では、バウマンによると、舞台はだいたい、確定された周知の場所であり、出来事のおこったときも、創造的な原古ではなく、それよりのちの一定の過去の時代である。また、登場人物も歴史的に実在した人物と考えられている。しかし、未開民族においては、歴史的な記憶も薄弱であって、過去の出来事はほとんどすべて原古の出来事にされてしまいがちなので、伝説と神話のあいだははっきりしないことが多い。

ところで、フルトクランツによると、伝説もまた真実であると考えられている説話なのである。伝説の機能は、ある集団が現に行なっている宗教的信仰や行為と、祖先の宗教的世界とのあいだの連続性を維持することによって、集団の連帯性や集団の価値を強化するものである。伝説は教育的な価値をもつこともあるが、それは同時に過去において実際におこった出来事であり、実際に生じた人間と精霊とのあいだの出あいであると考えられているので、真の信仰の対象である。

このフルトクランツの考えは、もっともなところがあるが、あまりに宗教的伝説にひきずられている傾きがある。伝説のなかには世俗的な伝説も少なくない。だから、宗教的伝説と世俗的伝説の両方に共通している機能をとらえる必要がある。そこで私は、伝説の機能は、過去に実際おこったと信じられる出来事によって、集団の過去と現在との連続性を維持し、それによって集団の連帯性、ことに集団と特定の土地との結びつきを強化することにあるといいなおしておこう。

ここで重要なことは、バウマンもフルトクランツも注目しているように、伝説で述べられた出来事は、この世のはじめ、つまり原古の時代に生じたのでなく、それよりものちのある過去の時代に生じたと考えられていることである。このことは、私の考えでは二つのことを意味している。

第一に、それが創造的な原古に行なわれたのではないために、伝説は神話よりも、事物を基礎づける力がよわく、それだけに説明的性格が表面に出てくる傾向がある。また同時に、神話のような、それ自体神聖であるという性格も失われる。

第二に、原古と現在との中間のある時期に出来事がおきたということは、原古のつぎがすぐ現世になるという二段階の時間構造なのではなく、少なくとも三段階の時間構造を前提としている。オーストラリアの原住民のように〈夢の時代〉と呼ばれる原古のすぐあとが現在という時間構造のところでは、本格的な伝説が栄える余地はないのである。別の面からみれば、伝説という伝承の範疇が確立している民族は、ある程度、歴史意識に目ざめている民族であるともいうことができよう。

昔話

バウマンによれば、昔話は、本質的に娯楽的な、しばしば詩的な説話であって、呪術的、宗教的な世界から発する〈奇蹟の要素〉を応用することによって生ずるところの、劇的なやまがある。しかし、昔話の場合には、呪術的、宗教的な要素は、それ自身のために利用されるのでもなければ、世界観の直接の対象なのでもない。むしろ、世界観とはもう直接関係のないことすら多い。そしてこれらの呪術的、宗教的な要素は劇的な効果を高め、行為にたいして〈そうもありうる〉という性格を与えるが、神話のような絶対的な真実性をよびおこすことはない。

昔話は原古における一回的な過程を描くのではなく、どこでも、いたるところで、あらゆる身分の典型的な人間によって体験され、成功するような典型的な出来事を描いている。昔話のおもな機能は娯楽であるが、わずかながら、教育の機能、ことに希望の満足や恐怖からの防御の機能もある。

ところで、十九世紀のドイツのサンスクリット学者、テオドア・ベンファイ（Theodor Benfey 一八〇九―八一年）が、昔話のインド起源説を唱えたことは有名であるが、その後、二十世紀に入ってからも、いろいろな昔話起源論が出た。おもなものには、フォン・シドウ（C. W. von Sydow）のインドゲルマン語族説、ポイケルト（W. E. Peuckert）の新石器時代の東部地中海地方あるいは原史時代の近東説、オットー・フート（Otto Huth）の巨石文化説（シドウものちにはこの説に変わる）がある。

これらに共通していることは、昔話が、旧大陸のかなり高い文化に基盤をもっているという考えである。細かい位置づけの相違はともかくとして、昔話にとって、高文化が豊《ほう》穣《じょう》な地盤であったことは否定できない。バウマンが論じたように、旧大陸の古代文明領域において昔話の特別の形式が成長し、部分的には、そこから未開民族の領域へも侵入したことは疑問の余地がない。事実、この昔話は、つぎのような高文化的な諸特徴をそなえている。つまり、神聖王権、天界という大宇宙と地上という小宇宙との平行関係、身分社会、さらに啓示宗教における救済の教義のある種の要素などである。こういう高文化的な昔話の影響をうけていない未開民族の昔話は、バウマンのいうように、もっと素朴で、〈田舎《いなか》くさく〉、またそこに反映しているのも未開社会の氏族とか地縁集団の出来事である。

ところで、このような神話・伝説・昔話の三者を区別する決定的な要因はなんであろうか？　フルトクランツが指摘したように、それはその説話の宗教的信仰への関係、したがって、この信仰の源泉としてのその説話の価値である。つまり、説話の真実性はさまざまである。神話はそれ自体神聖であるがゆえに真実であるが、伝説は、真実であると考えられている出来事を伝えるから真実なのである。ところが昔話は、ある種の真実性をもつかもしれないという程度である。

フルトクランツはいっていないが、私はもう一つの大きい決め手は、それぞれの説話の範疇と時間観念との関係であると考える。つまり、神話は原古の出来事を述べるのに反して、伝説は原古よりものちの、過去のあるときの出来事を語るものである。この二つにおいては出来事は、一回的な性格をもっている。ところが、昔話のなかの出来事は、原古から現在のあいだの過去の漠然とした一時点における、くりかえしの可能な典型的な出来事を述べるものである。

また、神話と昔話の関係について忘れてならないことは、ボアズ、ビドニー（D. Bidney）、ローウィ（R. H. Lowie 一八八三—一九五七年）、トンプソン（S. Thompson）などの多くの学者が指摘したように、同一の説話がときには神話、ときには昔話として通用することである。フルトクランツはこの点についてうまく説明している。ある場所では聖なる真の説話が、他の場所では、娯楽のために話しなおされた、大なり小なり虚構の話なのである。その実例として彼は、北米のいわゆるトリックスター（いたずらもの）説話をあげている。

トリックスターは北米の神話では多くの場合、文化英雄であって、その文化の道徳律に反するような猥らなことをやったり、常軌を逸したことをしている。だから、多くの部族においてトリックスターの話は、〈うその話〉のグループに入っている。しかし、これらの部族は同時に、トリックスター自体を非現実的な登場人物であるとは考えてはいないのである。さらに、トリックスターに関する、真の神話と真実ではない話という二つのグループに属させている民族もあれば、神話に入れている民族もあって、神話と昔話との境界はきわめて流動的である。

フルトクランツがここでトリックスター説話を例にひいているのはおもしろい。この手がかりをもうすこし追跡してみよう。北米のトリックスター神話の代表的な登場人物であるコヨーテ（草原狼）は、なるほど、だましたり、ペテンにかけたり、いたずらをしたり、女を犯し、ときには創造神に手むかったりする典型的な悪玉であり、彼らに関する話はしばしば〈偽りの話〉という範疇のなかに入っている。しかし、いくつかの神話には、コヨーテが、世界の創造や創造神よりも前から存在していたという観念をもっていた痕跡がある。

たとえば、カリフォルニアのアチョマウィ族の神話にはこうでている。

――原初にはすべてが水だった。明晰のなかから雲が形づくられ、その雲からコヨーテが現われた。それから水の表面から霧が立ちのぼり、それから創造神、つまり銀狐が現われた。

この神話に関して、すでにクローバー（A. L. Kroeber 一八七六―一九六〇年）は、創造神とコヨーテという二つの対極的な宇宙創造人物のうち、否定的な人物であるコヨーテが、より古くまたより深い根をもっているように見えると論じた。

ペッタッツォーニも、採集狩猟民文化を背景として生まれた〈野獣の主〉としてのコヨーテこそが最古の至高神であり、かつ創造神であったのが、のちに、より新しい別の創造神に席を譲り、新しい創造神の敵対者となり、〈真実の〉新しい創造者にたいして〈偽り〉の人物となり、彼をめぐる話も〈偽りの話〉になってしまったのではないかと論じている。この場合、たしかにそのような過程も十分に考えられることだ。神話から昔話への変化については、またあとで触れることにしよう。

このように神話と昔話との関係は密接である。そして神話と昔話の中間的な存在もまた世界各地に少なくはない。だからバウマンはこれを、神話昔話（Mythenmärchen）という合成語で呼んだのである。バウマンによれば、神話昔話の一般的性格としては、

a　行為は創造的な原古におかれていない。行為の時と場所は過去におけるどれかにおいてである。

b　登場人物は特別の能力をもち、部分的には神や祖先と結びつきをもった真の英雄とならんで、人間化された自然現象や、動物、生きている宗教の精霊や、悪魔、神々などである。

c　神話昔話における呪術的、宗教的要素は、ここではまだ明瞭に信仰の要因となっている。

d　神話昔話の機能は神話の場合にくらべて、基礎づけよりも説明することのほうに重点があり、説明物語への移行すらも容易に行なわれる。また娯楽的機能も強調されている。

バウマンはまた、神話昔話のなかには、昔話として始まったが、神話の材料と生きてい

る世界観の諸要素が加わって豊かにされた話もあるし、あるいは、昔話のように堕落した神話もあると考えている。

ここで問題は、神話と昔話との前後関係になる。いままで、ドイツのイェンゼンやイギリスのラグラン(Lord Raglan)のように、すべての昔話を神話の堕落したものであると見なす傾向が、学界にはかなり根づよくあった。たしかに、神話が昔話化することはしばしばあったにちがいなく、また昔話が、かなり発達した文化の段階、つまり高文化においてことに栄えるものであることはまえにも述べたとおりである。

しかし、神話が絶対的に昔話よりも先であると主張するのは、バウマンが指摘しているように一種のネオロマンチシズム的な神話研究だといえよう。世界のほとんどすべての民族に昔話があり、また昔話は神話とは異なった機能を含んでおり、初期の高文化諸民族の神政的な上層階層では神話が偏愛されていたが、それにもかかわらず、昔話も存在していたのである。だからわれわれは、神話から昔話へという大勢は認めても、多くの場合は両者が並存していることや、個々の場合には昔話が神話化することもありえた、と考えなくてはならない。

Ⅲ　神話の分類

分類の試み

いままでわれわれは、口誦伝承のおもな範疇として、神話・伝説・昔話があることを見てきた。

ここで問題となるのは、神話自体の分類である。この分類もまた学者によってさまざまである。たとえば、『菊と刀』で有名な、ルース・ベネディクト（Ruth Benedict 一八八七―一九四八年）は、北米南西部のズニ族の神話を分類して、「地中よりの出現および他のカチナ物語、アハイユテの冒険、求婚物語、馬鹿にされ認められない子供の物語、夫と妻の物語、妖女との争いの物語、戦争と飢饉《ききん》の物語、動物説話、その他」としている。

ギリシャの壺絵・ゼウス神

これは、はっきりした分類の原理はなにもない便宜的なものだ。一部族にかぎらず、全世界の神話一般の分類の試みもいままでのところ、これほどひどくはないが、便宜的なものがほとんどである。たとえばクラッペの『神話起源論』では、

天と地に関する神話
太陽に関する神話
月に関する神話
大光体の神に関する神話
星に関する神話
大気的神話
火山神話
水に関する神話
他界神話
半神の神話
起源神話—宇宙起源神話
起源神話—人類起源神話
起源神話—雑
大災厄神話

史的神話

に分けてある。もちろんこれは、一定の基準にしたがって作られた分類ではなく、それぞれ一章としてまとめるのに適当な分量となる、目だった題目を手当たりしだいにならべたものである。

リューレ（O. Rühle）の分類を修正したウィーンの民族学者ヘッケルの最近の分類はこれよりはるかにましだが、それでも、

宇宙起源神話
人類起源神話
神々の神話
原古の状態についての神話
原初と変容の神話
終末論的神話
自然および宇宙論的神話

に分けていて、まだあまりすっきりしない。つまり、ある場合は、起源した事物の種類（宇宙・人類）によって分類するかと思うと、他の場合には、起源という限定をつけずに神々の神話とか自然神話を云々するというわけで、基準のたてかたがはっきりしないので

ある。

もちろん、神話がとりあつかっている主題は自然と文化のあらゆる分野にわたっている。だからこれを分類するのは困難なことはいうまでもない。では、どうしたらよいであろうか？

この場合、神話を語り伝えている原住民自身の分類はあまり役にたたない。神話と呼ぶべきものを他の説話とはいちおう区別している民族でも、神話内部の分類はしていない場合が多いし、またしていても、あまりに局地的な分けかたであったり、論理的でなかったりしており、おまけに民族によってさまざまである。われわれが神話を分類するのは、あくまでも学問的な目的のために分類するのであるから、それには理論的な根拠がなければならない。

分類の根拠

前の章でわれわれは、神話とはなにかを見てきた。そこで述べられたような条件をそなえているものを本格的な神話としてとりあげることにしよう。

神話とは、原古における一回的な出来事によって、特定の自然現象や文化現象を説明し、基礎づける説話であることをすでに論じてきた。その一回的な出来事とは、これらの今日の諸現象の手本であり先例であり、なによりもその起源である。この意味において、ペッタッツォーニが論じたように、真の神話はほとんどみな大なり小なり〈起源神話〉の性格をそなえている。事実、北米のチェロキー・インディアンは、神聖な神話と俗な話とを区別して、神聖な神話のなかに世界の起源、天体の創造、死の起源を入れ、俗な話のなかにはある種の動物のいちじるしい解剖学的あるいは生理学的特徴の説明の話を入れているように、世界のすべての民族の神話は、人類およびその本質的な自然的および文化的な環境の起源がおもな題目となっているといってよい。

こう見てくると、ドイツの民族学者カール・シュミッツ（Carl A. Schmitz 一九二〇—六六年）が、それぞれの文化が神話像の助けを借りて答えなくてはならない基本的な問題としてつぎの三つをあげたのは、きわめて示唆的である。

1　だれが、どのようにして世界を創造したか？（宇宙起源論）
2　だれが、どのようにして人類を創造したか？（人類起源論）
3　だれが、どのようにして文化を創造したか？

天と地に関する神話とか、天体やその他の自然に関する神話は、私の考えではみな宇宙起源論の一部であり、洪水神話その他の大災厄神話も、宇宙起源神話の一部である。他方では大災厄神話も、人類の起源を物語るかぎりにおいては人類起源神話の一部であり、また原古の状態に関する神話は、それが原古における文化の起源を説明するかぎりにおいては文化起源神話である。

ここで問題となるのは、これら三つの大きな起源神話群のあいだの関係である。いまあげた大災厄神話の例でもわかるように、一つの神話はしばしば、宇宙起源神話であると同時に、人類起源神話でもあり、ときにはさらに文化起源神話ですらある。三者のあいだに密接な関係があることはいうまでもない。ペッタッツォーニは、宇宙起源神話は孤立したものではなく、起源神話の一つであることをつよく主張した。しかし、いちおう、宇宙・人類・文化という三者の起源の神話が同一文化のなかで別々に語られている場合にも、三者は無縁なのではない。

エリアーデは、あらゆる種類の〈創造〉の手本となっているのは宇宙起源神話であると主張し、またシュミッツは、同質の一文化は、前記の三つの問題にかならずおなじ構造の神話によって答えなくてはならないから、同質の文化なら三つの神話のあいだには構造上の一致があり、それがない場合は、他の異質の文化との混合であると論じた。じつは、このエリアーデとシュミッツの説は、少々ゆきすぎである。イェンゼンがシュミッツを批判して、初期栽培民文化の多くには、宇宙起源神話が存在しないのが特徴的であることを指摘したように、すべての文化に、この三つの起源神話がいつもあるわけではない。だからシュミッツの論ずるような三者間の構造上の一致は、三者が揃っているところではじめて問題となることである。

また、エリアーデのいう宇宙起源論が、他のすべての種類の創造の手本となるということも、宇宙論的な世界観のつよい高文化とその影響圏では当てはまることが多いであろうが、宇宙はすでに存在しているものとして、とくに神話でとりあげず、もっぱら人間の問題に神話を集中している多くの初期栽培民文化ではあてはまらないだろう。

これから、いくつかの例をあげて、宇宙起源神話、人類起源神話、文化起源神話を順番に説明してゆくことにしよう。しかしまえにも述べたように、一つの神話が、宇宙起源神話であると同時に人類起源神話である場合などのあることは、以下の例にもしばしば現われてくる。

Ⅳ　宇宙の起源

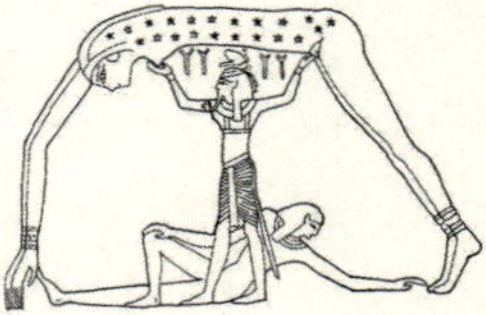

エジプトの天地分離神話

宇宙起源の神話の分類

宇宙起源神話（Cosmogony）にもいろいろな形式がある。最近のペッタッツォーニやヘッケルの分類を参考にして、私はだいたいつぎのようなおもな形式をあげることができると思う。

Ⅰ　創造型

創造神がなんらかの方法で世界を創造したという形式であって、これはつぎの二つに分けることができる。

a　創造神が単独で創造する形式

b　高神（至高神ともいい、多くの場合天に住み全知全能の創造神である）が一人あるいはそれ以上の副神の協力によって世界を創造する形式。この協力者とは、神格化された最初の人類であったり、ときには創造神の反抗者だったりする。

Ⅱ 進化型

創造神の介入なしに、ある種の原初の物質や胚素から宇宙が自発的に発達したという形式で、これもいくつかに細分できる。

a 単一の原初物質、あるいは胚素から世界が発達したという形式。

b 二つ以上の、多くの場合人格化された自然諸力が作用しあうことによって宇宙が発達した形式。

c 人間の形をした、あるいは動物の形をした原古の存在、あるいはその身体の諸部分から宇宙が発生したという形式。

これらの諸形式をもうすこし詳しく説明しよう。

創造神と敵対者

創造神が単独で宇宙を創造する形式（Ⅰa）の例として、ニュージーランドのマオリ族の秘密の創造神話がある。

——イオ神は、形もなく両親もない神であって、存在するすべてのものの源泉だった。イオ神は原初において、広大無辺な空間中にひとり生きていた。

彼は「暗黒よ、光明によって充たされよ」といった。すると光が生じた。「光明よ、暗黒を含む光明となれ」というと、世界において明と暗とが分かれた。それから彼は、彼のことばによって天（父）と地（母）を生みだし、この天地二神が、神々つまり、物質的事物と人間の創造者たちを生んだのである。

旧約聖書の天地創造の神話も、創造神が単独で宇宙を創造する形式である。

創造神が他の協力者とともに宇宙を創造する形式（Ｉｂ）の例としては、中央カリフォルニアのポモ・インディアンの神話をあげることができよう。

――原初において、マルムダがただひとり彼の雲の家に住んでいて、ひとり言をいった。それから彼は南の天の雲のなかの、彼の〈兄弟〉クスクのところにいって、世界創造の計画を提示した。この二神は彼らの〈身体〉からあるものをとりだしてボールにまとめた。そこでマルムダはキセルをふかしたが、このキセルの上に、きたるべき世界のあらゆる物が描かれてあった。そして彼は地上において万物がその正しい地位を占めるようにという願いをこめて、煙をボールにむけて吹いた。マルムダが眠っているあいだ、ボールはますます大きくなり、彼の手から空間中に滑り落ちて大地となった。

創造神が協力者の助けを得て宇宙を創造する神話のなかで、ことに有名なのはいわゆる潜水神話である。アルタイ地方の神話ではこう伝えている。

——原初には水があるだけであった。神と〈最初の人間〉（あるいは悪魔）は二羽の黒雁の形をして原初の大洋の上を動き回っていた。神は人間に命じて海底から国土を持ってこさせた。人間は手のなかに土をもってきて、神はそれを水の表面にまいて「世界よ形づくれ！」といった。もう一度神は人間に土をもってこさせた。しかし人間は土をすこしくすねようと思って、両手にすこしずつ土をもってきて、片手の土だけ神に渡し、あとの土は口のなかにいれて、自分自身の世界を創造しようとした。神が土を水面に投げると土はますます大きくなり硬くなった。

ところが世界の成長につれて、人間の口のなかの土もどんどん大きくなって窒息しそうになった。彼は神に助けをもとめた。神に問いつめられて人間はその悪だくみを白状して、口のなかの土を吐きだした。だから地上に沼地があるのである。

このような潜水モチーフは、東ヨーロッパからシベリア、内陸アジアを経て、一方は東南アジアからインドにおよび、他方ではベーリング海峡をこえて北米に広く分布している。日本のイザナキ、イザナミが天神の命をうけて、天浮橋《あまのうきはし》に立って「塩こおろこおろ」かきならして国土を造った神話も、潜水モチーフと遠い関係があると想定されている。そればかりではない。『山海経』の「海内経」によれば、中国古代の洪水説話において、鯀《こん》が天帝のところから、息壌《そくじょう》という成長してやまない土を盗みだして洪水を埋めたが、天帝はこれを怒って火の神祝融《しゅくゆう》に命じて羽山《うざん》で殺し、残った息壌をとりかえさせた個所がある。これもおそらくは、創造神と対立者による狩猟民的な潜水世界創造神話が、天神の意志にさからって、人生に価値あるものを盗みだす穀物栽培民的な、モチーフの影響をうけて変化したものではないであろうかと、私は考えている。分布から見ても不思議ではないし、また息壌のように、水中からもたらした一握りの土や、潜水者の爪についたひとかけらの土が膨脹して大地となるという要素は、潜水モチーフの重要な特徴なのである。

さて、創造神が協力者をもっている場合でも、創造神がいちおう世界創造を行なったのちに、協力者たちがそれを仕上げるという筋のものもある。

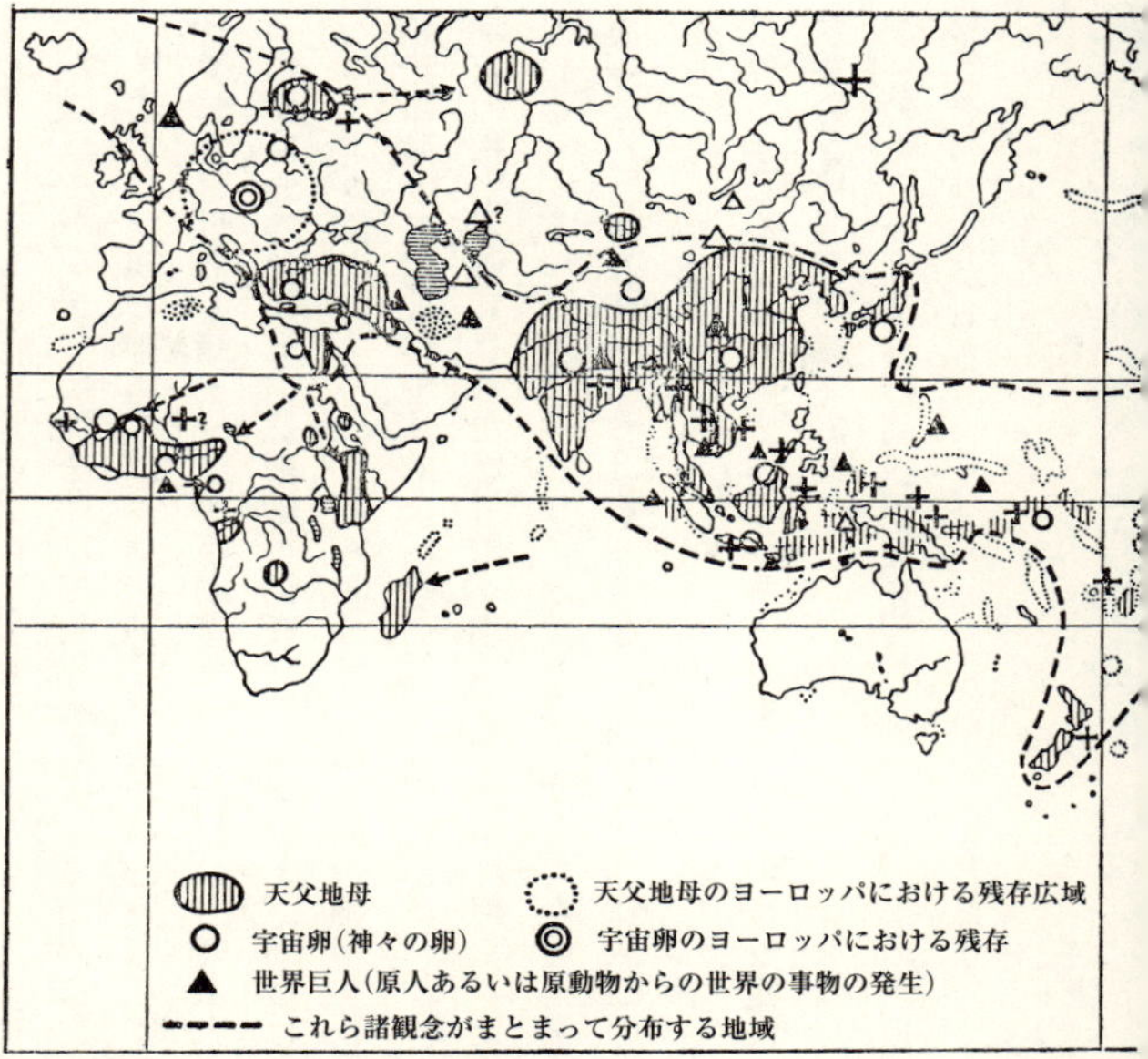

天父地母，宇宙卵，人類卵，世界巨人の分布（バウマン原図）

北米ニューメキシコのアコマ・インディアンの神話もその一例だ。

至高神のウチトシティという名は、なにも欠くるものなしという意味である。彼は自分の体から血をとって空間に投げ、その血は彼の力によって大地になった。それから彼は二人の女神を生んだ。一人の精霊の仲だちによって、彼は彼女らに種子と動物の像のいっぱい入った籠を与えて、創造を完成するように命じた。

「この籠のなかのものは、すべてお前のことばに応じて創造される。なぜなら、お前はウチトシティの像に形どってつくられ、お前のことばは彼のことばのように強力だからだ。ウチトシティは彼を助けて世界を完成するためにお前を創造したのだ」

このアコマ族の神話では、創造神は創造の第一段階だけをうけもって、あとは他人に委せている。世界の諸民族の宇宙創造神話を一貫している大きい特徴は、創造神の多くはいったん自分の仕事である創造を済ませてしまうと、あとはなにもしないことだ。ペッタッツォーニが論じたように、創造神の無為は、創造神の本質的な性格の一部であって、ある意味においては彼の創造的な活動を補うものである。つまり、世界がいったんつくられ、宇宙の秩序が確立されたならば、創造者の仕事は終わったも同然である。彼がそれ以上干渉したりするのは、よけいなことであるばかりでなく危険なことにもなりかねない。なぜならば、宇宙の秩序におけるいかなる変化も、創造以前の混沌《こんとん》状態に逆もどりさせる原因となるかもしれないからだ。いったん世界がつくられたならば、世界の存続を延長させ、世界が変わることも、変わりうることもないという安定性を保証するのがまさに創造神の本質的な機能なのである。

このような創造神の創造行為も、ペッタッツォーニが指摘したように、現実の人間の世界にその原型がある。それはシャマンや呪医の行為だ。カリフォルニアの南マイドゥ族

（ニセナン族）は創造神にもシャマンにも、同じハイカットという名前をつけている。このシャマンは創造神と同じく、お天気をよくも悪くもする力をもっている。また、いくつかのカリフォルニアの創造神は、呪医と同様の行動をし、同様の術を行なう。

また、創造神は呪医と同じく手を合わせたり広げたりし、くしゃみをし、息を吹き、ときどき歌ったりする。まさにこのような動作によって神は世界を創造したのである。また、神がただ思索することによって宇宙を創造したというモチーフは、〈虚無からの創造〉として、学者の注目をあつめてきたが、これもペッタッツォーニによれば、精神を集中して思索することは、呪医の行なうふつうの術なのである。

天地分離

さてもう一度もとにもどろう。創造神が宇宙創造の第一段階を行ない、あとを彼の協力者が仕上げをする形式のあることは前に記したとおりである。このような第二段階にあたる仕上げの神話としてことに重要なのは、天地分離の神話だ。もっとも、神話の場合には、第一段階が創造神の創造行為による場合もあるが、またはたして創造によるものか、あるいはちがうのかは明瞭ではなく、すでに宇宙はいちおう存在しているものとして話をはじめている場合が多いが、創造の仕上げの話がでてきたついでに、ここで取りあげておきたい。

ニュージーランドのマオリ族のつぎに述べる天地分離神話は、もっとも有名なものであろう。

——父なる天ランギと母なる大地パパは、原初において万物が発した源泉であった。そのとき暗黒が天の上にも地の上にもあったが、二人はまだ抱擁しあっていた。しかし彼らの生んだ子供たちは、暗黒と光明の相違はどんなものであろうかといつも考えていた。そこで子供たちは、父母を殺そうかそれとも引き離そうかと相談した。一番凶暴な子のトウ・マタウエンガは、殺そうといったが、森の父たるタネ・マフタは「二人を引きはなし、天をわれわれの上におき、地をわれわれの足の下におこう。天とは他人となり、母なる大地は養いの母としてわれわれの近くにとどめよう」といった。

衆議一決して、子供の神々がかわるがわる天地を引き裂こうと試みたがみな失敗した。最後にタネ・マフタがやってみることになった。彼は最初手で天地を引きはなそうとしたが、これも失敗だった。彼は休んだ。すると彼の頭はいまや母なる大地にしっかりと植えつけられ、彼は足をあげて父なる天にかけて、あらんかぎりの力で背と四肢を緊張させた。するとランギとパパはひき離され、二人の苦悩と悲哀の叫び声がひびきわたった。

「なぜお前は自分の親を殺そうとするのか？　私たちを殺したり、親をひき裂くような恐ろしい罪をなぜ犯すのか？」

しかし、タネ・マフタはやめなかった。二人の悲鳴には耳を傾けなかった。はるかはるか下に彼は大地を押し下げ、はるか上に天を押しあげた。ところで、天地を分離させるまえに子供たちが相談したとき、一人だけ不服な子がいた。嵐の神タウヒリ・マ・テアである。彼は天地をひき裂いた兄弟たちに復讐を思いたち、天父の助けをかりて、つぎつぎに兄弟を征服し、最後に父母を殺そうと提案したトウ・マタウエンガにたちむかった。いくら嵐が攻めても、トウ・マタウエンガは彼の母なる大地の胸の上にびくともせず立っていた。

天の心も嵐神の心もやがて静まった。そしてついには明るい光が世のなかに増してゆき、ランギとパパが分離するまえには、二人のあいだにかくれていた者たちも地上に繁殖した。

「今にいたるまで広大な天は彼の妻なる大地と引き離されたままでいる。それでも二人のかわす愛情はまだつづいている。妻の愛のこもった胸から出る軟かく温かい溜息はいまなお夫に向って立ちのぼっている。木の繁った山や谷から立ちのぼる。そして人びとはこれを霧と呼んでいる。そして広大な天は、愛する妻との別離をながい夜中歎きつづ

ギリシャのクロノス神が父のウラノス神を傷つける光景
天地分離神話の代表的な事例の一つである。ヴァザーリ画。

け、しばしば涙を彼女の胸に落す。そしてこれを見る人たちは、この涙を露のしずくと名づけている」

ジョージ・グレイ（G. Grey）の報告したこのランギとパパの神話は、未開人の文学の代表作の一つとしてあまりにも有名である。ところで、天地分離の神話は、アフリカにも、古代オリエントにも、古代ギリシャのクロノス神話にもあり、また東南アジアにも、またアメリカ大陸にまで広く分布していることは、シュタウダッヒャー（W. Staudacher）や沼沢喜市氏が明らかにしたところである。そのなかには、農民の女が天地の分離者であるモチーフも多い。フィリピンのバゴボ族はこう伝えている。

「原初には、天は低く地上に横わっていた。神話的な祖先モナ族が彼らの米を搗《つ》こうとしたが、腕を動かすためには地面にしゃがまなくてはならないほど天は低かったのである。そこでトゥグリブングという哀れな女は、天に「もっと高くあがれ！　お前さんは私が自分の米をうまく搗けないのが見えないのかい?」といった。そこで天が上にあがり始めた。天がおよそ五尋《ひろ》ほどあがったところ、女は「もっと高くあがれ!」といったため太陽は女を怒り、急いでひじょうに高くあがってしまった」

この神話は日本にも無縁ではない。沖縄の神話では、

——太初、天地は接近していて、人々は立って歩けないので、蛙のように這っていた。そこでアマンチューという神が、これを哀れに思って、ある日、堅い岩を足場として、両手で天を支えて立ちあがった。それから天地が隔たって、人々が直立して歩けるようになった。そのとき、神の立っていたところに足の形の窪みができた。と伝えている。

また日本の古典神話において、イザナキ、イザナミが火の神の誕生をきっかけに分かれるのは、天父地母の分離であって、天地分離神話にほかならないことを沼沢喜市氏は指摘している。

ところで、天地分離神話についていては、いくつかの問題がある。その文化史的な位置づけについていては、世界におけるその分布から見て、イェンゼンやバウマンが論じたように、元来、穀物栽培民文化に属するものであることは動かぬ結論であろう。そして分離の原因をつくった者が杵《きね》をつく女であれ、天父地母の子供であれ、あるいは火や太陽であれ、分離の結果、人間と宇宙とのあいだの新しい秩序が定められたことを物語っている。そしてそ

の新しい秩序は天神への反逆によって達成されたのであった。この反逆の問題については、またあとで触れることにして、進化型の宇宙起源神話に目を転じよう。

宇宙の進化と卵

進化型の宇宙起源神話のうち、単一の胚素から宇宙が進化発達したという形式（Ⅱa）がある。

ニュージーランドのマオリ族の神話によると、

――原初にポーと呼ぶ虚無あるいは混沌があって、光も熱も音もなく、形相も運動もなかった。暗黒の内部でかすかな動揺がだんだんとはじまり、うめき声とささやきの声がおこり、そこではじめて曙のようにかすかではあるが、光明が現われ、日中になるまでその光明が成長した。つぎに熱と湿気が展開し、これら諸元素の相互作用によって実体と形相が現われ、だんだん具体的になってゆき、しまいには確固たる大地とアーチ形をした天が形をととのえ、そして天父と地母という人間の形をとるようになったことになっている。

この形式の神話は、マルケサス諸島、ソサエティ諸島、ニュージーランドでおおいに発達している。これが、日本の宇宙開闢《かいびゃく》神話と関連があることは、すでにいろいろな学者が指摘している。

進化型の宇宙起源神話はポリネシアや日本にあるだけではない。他の例としてはフェニキアの神話をあげることができる。紀元前一世紀のピロン（Philon）の著作によると、原初に、濁り泡だつ大気、つまり風の息吹きと晦冥《かいめい》なる混沌があった。何世紀ものあいだこの状態がつづいたのち、この息吹きは自からの本質を愛して、混淆した。そしてこの結合は欲望と名づけられるものであり、それはあらゆるものの創造の根源であったが、息吹き自身は自らの創造を知らなかった。そして息吹きが彼自らを抱擁することによって、モートが生まれた。あるものは、これを泥土と考え、他のものたちは、これを水様物の腐敗したものと考えた。あらゆる創造の種子が胚胎するものはここからであり、それは、あらゆるものの起源であった。

ところが、紀元前三〇〇年ごろのギリシャの哲学者エウデモス（Eudemos）によれば、フェニキアの宇宙起源神話は、二つの元素の結合という形式（Ⅱb）をとっている。本源に〈時間〉がありついで〈欲望〉と〈晦冥〉があった。これら最初の二つの本体の結合から、アエール（大気）とアウラ（息吹き）とが生まれ、アエールは、その純粋さにおいて観念を象徴し、アウラは、その動きから生まれる生命あるものの最初の原型をあらわした。ついで、この二つのものの結合から〈宇宙の卵〉が生じ、観念的精神を形づくった。

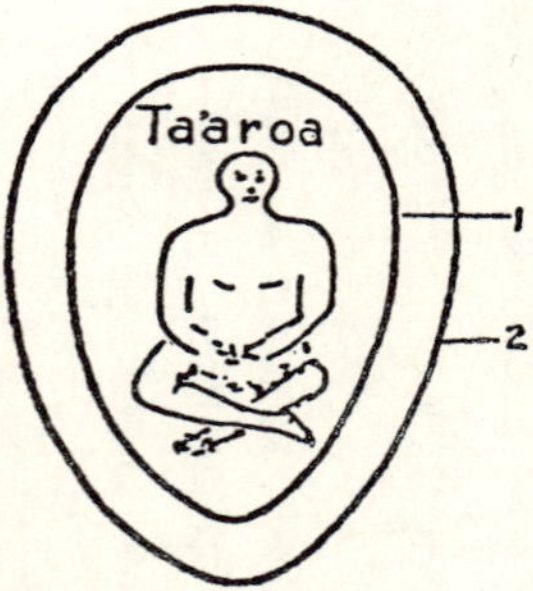

原初の宇宙 卵状をしていて絶対の暗黒のなかにある。テ・トゥム（基礎）とよばれるターロア神は、ファ・イティ（小さな谷）のなかに住む。ファ・イティはトゥム・イティ（小さい基礎）という内側の殻1の内部にある。外側の殻2つまりルミアが全体をおおっている。このつづきは次頁の図参照。

ここで〈宇宙の卵〉について一言つけ加えておく必要がある。宇宙が卵のなかから生まれたというモチーフだ。フィンランドの国民的叙事詩『カレワラ』に、ルオンノタルという処女の話がある。

——原初には海洋があるばかりであった。不妊の処女性と孤独の生活に飽きたルオンノタルは天から海上に落ちていった。波に揺られているうちに風が吹き、彼女の乳房を愛撫し、海は彼女に受胎の力をかえしてくれた。七世紀のあいだ、こうして波に揺られていると一羽の鴨（あるいは鷲）が現われ、彼女の膝に卵を生み、三日のあいだそれを抱いた。娘は皮膚の上に激しい熱さを感じて膝を曲げ、卵は深淵にころがり落ちて割れた。

卵の下の部分から大地が作られ、上の部分から天ができた。卵黄からは太陽が、卵白からは月が生まれた。斑点のついた破片は夜空の星となり、黒い破片は大気中の雲となった。

このような宇宙卵の神話は、旧大陸の高文化地帯に分布し、また、アメリカ大陸でも、南米のコロンビアの高文化地域に分布している。

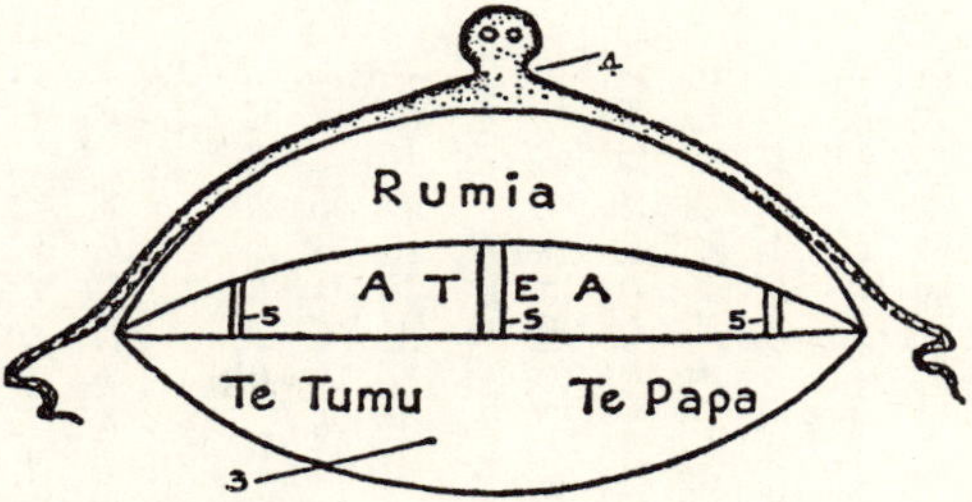

進化する宇宙　ハヴァキ・ターロアの内側の殻1（前頁）はターロアによって3のこの世界のトゥムヌイ（主な基礎）とパペ（層岩）にされた。彼の外殻2（前頁）はルミア（天）にされ、この天を蛸4が大地にしっかり押しつけている。蛸はトゥム・ライ・フェスウア（大地の天の基礎）という。ターロアはテ・トゥム（基礎）をもっており、そのなかに彼の精霊を入れた。テ・パパは天ルミアのために支え柱5を入れた。彼は天地間にできた空間アテアに充満するために、一人の精霊を呼び出し、こうしてアテア神が生まれた。ターロアは、テ・ポとして知られている暗黒の下界3に住んでいる。

死体から生えた世界

死体化生的な宇宙起源神話（Ⅱc）として、日本でもよく知られているのは、中国の盤古《ばんこ》神話である。『太平御覧《たいへいぎょらん》』に引く『三五歴記《さんごれきき》』によると、

「天地混沌として鶏子の如し。盤古その中に生ず。万八千歳にして天地開闢し、陽にして清《す》みたるは天となり、陰にして濁りたるは地となる。盤古その中に在りて一日には九変し、天に神となり、地に聖となる。天は日に高きこと一丈、地は日に厚きこと一丈、盤古

は日にたけたかきこと一丈なり。このごとくなること万八千歳にして、天の数高きをきわめ、地の数深きをきわめ、盤古たけたかきをきわめたり。のちすなわち三皇あり」とある。

ところが、馬氏の『繹史《えきし》』に引くところの『五運歴年紀《ごうんれきねんき》』には、この盤古の最後がつぎのように語られている。

「はじめに盤古を生ず。死するになんなんとして身を化す。気は風雲となり、声は雷霆《らいてい》となる。左眼は日となり、右眼は月となり、四肢五体は四極五嶽となり、血液は江河となり、筋脈は地の理となり、肌肉は田土となり、髪髭は星辰となり、皮毛は草木となり、歯骨は珠石となり、汗は流れて雨沢となり、身の諸虫は、風の感ずるところに因って、化して黎甿《れいぼう》〔庶民〕となる」

北アッサムのアパ・タニ族にも盤古型の神話がある。

「最初クジュム・チャントゥ、つまり大地は人間に似ていた。彼女は頭や腕や足をもち、巨大な太鼓腹をしていたのである。原初の人類は彼女の腹の表面に住んでいた。ある日のことクジュム・チャントゥは、もしも彼女が立ち上って歩きまわったら、だれもがふり落されて死んでしまうだろうと気がついた。そこで彼女は自殺した。彼女の頭は雪をいただいた山となり、彼女の背骨は小さめの丘になった。彼女の胸は谷間となり、そこにアパ・タニ族が住んでいる。彼女の頸からタギン族の住む北の国ができた。彼女の尻はアッサム平原となった。お尻が脂肪で一杯であるように、アッサムは肥沃な土壌をもっている。クジュム・チャントゥの目は太陽と月になった。彼女の口からはクジュム・ポピ神が生まれ、それが太陽と月とを天に送って輝かせた」

死体化生モチーフは、別に宇宙起源神話にだけ見られるのではない。人類起源神話や文化起源神話にも好んで用いられるモチーフである。だから細かい議論は、あとでこの問題にふれたときにまわして先に進もう。

ところで、現実の宇宙起源神話のなかには、いくつかの形式が組みあわさっているものがある。たとえば、アッカドの神話では、前段は、二つの宇宙の原理の結合（Ⅱb）を説き、後段では、創造神による創造（Ⅰa）と、死体化生モチーフ（Ⅱc）との結合形を示している。

――すべてのものの起源において、原初の大洋アプスー、波立てる海ティアマトのみが存在していた。彼らの水がとけあい混じりあったとき、そこからまずムンム（潮のざわめき）が、ついで巨大な蛇の夫婦ラフム、ラハムが生まれた。こんどは彼らがアンシャール（天空の世界）とキシャール（地上の世界）を誕生させた。

アンシャールとキシャールからは強きものアヌー、広大なる英知ベル・マルドゥク、エアその他の神々が生まれた。この賢者マルドゥクは、原海ティアマトを殺した。そして死体を「魚のように両断し」、一方の半分で天空の穹窿《きゅうりゅう》を、他方の半分で大地の支柱をこしらえあげた。それが終わると、マルドゥクは、空に偉大なる神々の住居を築き、そこに彼らの象徴である星辰をちりばめ、歳月をさだめ、星辰の運行を規則づけた。天空の秩序を確立すると、マルドゥクは、それまですっかり沈んでいた大地を海の底からよびおこした。また彼は自身の血をこねあげて、あるいはティアマトの側についたクィングーの血を用いて最初の人類をつくった。

世界の終りと救世主

宇宙起源神話の一環をなしているのは、終末論的神話（eschatologische Mythe）である。世界の没落と終末、それに世界の更新が物語られている。これは起源と原古の状態の神話のしめくくりとして過去の出来事のように語られるものが多いが、なかには未来の出来事の形をとって、約束を内容として含んでいるものもある。世界の終りに、至高神が、その使者（文化英雄、創造協力者）とともにもどってきて、大災厄によって破壊された世界を更新し、死者をよみがえらせるという約束だ。北欧神話のあの壮大な〈神々の黄昏《たそがれ》〉はこの代表的なものである。

——神々の黄昏はきびしいフィムブルの冬で始まる。それにつづいて同胞たちがたがいに殺しあう時代や、斧の時代、剣の時代、嵐の時代、狼の時代がつづき、世界は終末を迎える。太陽はフェンリル狼によって暗くされてゆき、大地は震動し、海は大地の上を荒れ狂い、海上には巨人フリュムを水先案内として、霜の巨人の生きのこりのものたちが西の方から近づいてくる。巨人スルトは火の巨人たちを率いてアースたちと戦い、天地をつなぐビフレストの橋を破壊する。不眠の番人ヘイムダルは角笛を吹きならし、アース神族はオーディン神に率いられて戦場ヴィーグリーズの野に向かう。しかしオーディン神はフェンリル狼によって殺され、トール神はミズガルズの怪蛇を殺すが、死のうとする蛇が吐きだした毒のため、自らも倒れてしまう。ヘイムダルはロキと相討ちで共に死に、アース神族でただ一人生き残ったチュールは冥府《めいふ》の犬ガルムの心臓を剣でつき刺すが、自らもガルムに咬まれてたおれてしまう。こう

黄金のトール神像　ダンネンベルク出土といわれているもの。

して神も敵もすべて戦いのなかに果てたとき、巨人スルトは全世界に焔を投げ、世界の大部分を焼きつくしてしまう。宇宙をつなぐ世界樹ユグドラシルも燃えあがる。すべての海、すべての河は洪水となり、陸は海のなかに没してしまう。

しかし、世界はふたたびあらたに始まる。オーディン神自身はけっして還ってこないだろうが、彼の二人の息子ヴィーザルとヴァーリや、トール神の二人の息子マグニとモージが新しいパンテオンを形づくる。世界を焼きつくした焔も焼きつくせなかった世界樹ユグドラシルの秦皮《とねりこ》の幹のなかにとじこめられていた先祖から、今日の人間が始まる。古い太陽の娘は新しい太陽としてふたたび輝くであろう。

このような未来の終末論的な神話の分布はかぎられており、だいたい農耕民、それも高文化あるいはその影響圏下に多い。シュミットも救世主の観念は高文化的なものだとすでに指摘していた。事実、レーマン(F. R. Lehmann 一八八七—一九六九年)も指摘したように、未開民族のあいだでは、過去における世界の終末が語られる場合にくらべて、きたるべき世界の終末の語られるのはきわめてすくないのである。

過去における世界の終末を物語る神話のもっとも有名なのは洪水神話である。『旧約聖書』のノアの箱舟の話ばかりでなく、この本のはじめに紹介したラワ族の洪水神話をはじめとして、世界に広く分布していることは、十九世紀のアンドレー(R. Andree 一八三五—

一九一二年）の研究以来よく知られており、フレイザーは、これについて、バビロニアを中心に広がったもの、アメリカ・インディアンを中心に広がったものと、東南アジアを中心としてオセアニアに広がったものという三つの中心を想定した。

世界が何回か終滅してはまたあらたになったという神話は、中米のマヤの神典『ポポル・ヴフ』にも見えているが、ことに発達しているのはインドとインド文明の影響圏である。たとえば、十四世紀にさかのぼるといわれるタイの『宇宙三代史』では、世界が火と水と風という三つの原因によってつぎつぎに破壊されては更新したことが伝えられている。――大風のあとに星があらたに天に輝き、現在の世界が始まった。しかし、現世の世界にもいくつかの時代がつぎつぎに続いた。大地の味の時代、泥の丘の時代、蔓の時代。そして男女両性の分離が行なわれたのは稲の時代においてである。人間が稲を食べるや否や、すべての者のあいだに性欲が湧きおこった。強烈な性欲を感じたものは女になり、正常な性欲を感じたものは男になった。――このように、過去における洪水神話も、宇宙の終滅も、現在の人間生活の前提となり、それを基礎づけているのである。

終末論的神話は、その発生において、部分的には、実際生じた天変地異（たとえば大地震など）が貢献している場合も考えられるが、未開民族のあいだにおける終末論的神話の発達には、世界最終の日の到来と、そのときの神の審判、またこの審判へのキリストの再来というキリスト教の観念が、伝道活動を通じて刺激を与えた場合もすくなくない。ところで、このような観念が、未開民族の西洋文化に対する反抗運動の精神的支柱を提供している場合の多いことも見のがせない事実である。

世界の未開民族は、今日、現代文明の圧力のまえに急速に変貌しつつある。古い風俗習慣とともに古い神話も多くの場合忘れ去られつつある。しかし、神話は民族の世界観に深い根をおろした聖なる伝承である。神話が失われてゆくのは、発火錐がマッチにかわるような簡単な問題ではなく、もっと深刻な問題だ。だから、神話は、さまざまの形で生きのびようとし、またときには、外来の西洋現代文明に反抗する土着主義運動の精神的支柱ともなる。

南米のインディアンには、彼らにさまざまな文化財をもたらした文化英雄の神話が広く分布している。これらの文化英雄は、ヨーロッパ文明との接触後も活躍を続けていった。ブラジルの東部トゥピ諸族の文化英雄スメは、音が類似しているところから、聖トマス(サン・トメ)と看板を塗りかえて、インディアンに農耕を教え、岩の上に足跡をのこし、遠くたち去ってゆくのであった。

他方、原住民文化がヨーロッパ文明と接触した結果、崩壊の危機にさらされるときに、救世主が出現して、ヨーロッパ人を追い払い、楽土を生みだすであろうという信仰が熱病のように原住民のあいだに広がることが、世界各地、ことに未開農耕民から報告されている。南アメリカの場合、ブラジルの民族学者エゴン・シャーデン（Egon Schaden 一九一三―九一年）が指摘した、アパポクヴァ族の例でもわかるように、たんなる文化変容の危機によって生まれたものではなく、むしろ原住民文化の文化英雄神話のあらわれと見るべきであろう。

V　人類の起源

男と女の創造

人類の起源を物語る神話は、しばしば宇宙起源神話の一部として伝えられている。そうでない場合にも両者のあいだの関係はごく密接であって、類似した構造やモチーフがみられる。注意しておきたいことは、人類起源神話は、しばしば全人類の起源ではなく、むしろ、特定の民族や家系、あるいは特定の神話的人物の起源の形式をとって語られることがあることだ。

これから、宇宙起源神話にもあるようなモチーフのものから人類起源神話を紹介してゆくことにしよう。

創造神が単独で人類を創造した形式（Ｉａ）の例として、ジャワの神話をあげることが

ロムルスとレムス

できる。ジャワには、さまざまの高級宗教が波及した。だから、宇宙や人類の起源に関する神話も、仏教的なもの、バラモン教的なもの、回教的なものとさまざまである。しかし、ジャワにおいては、これらの高級宗教を信じていない、未開宗教を信ずる人たち（バドゥイ族か？）のつぎのような神話もある。

——創造神が、天、太陽、月と大地を創造したとき、人間も創造しようと思った。彼はいくらかの粘土をとって、人間の形をこねあげた。それから自分が創造した精霊の一人を呼んで、この人間の形に生命を与えることを命じた。ところが、この粘土の形は重くて持てないので地上におちて、千々に砕けてしまった。しかし、この粘土の形にはすでに精霊が霊魂を与えていたので、これらの破片はそれぞれ悪魔となった。

これをみた創造神は、また粘土で人間の形をこねあげた。今度のほうができばえがよかった。神は彼に男の外観を与え、三位一体の力を与えた。つまり、生命と情意、意志と性格、精神と霊魂である。これらの特性が与えられるとこの人間は生命をもち、かくて人間が創造された。

しかし、創造神は「この人間ひとりでは地上に繁殖しない。奥さんを作ってやろう」と考えた。

しかし、困ったことに、奥さんを作るための粘土はもうなくなっていた。そこで創造神は月の円味、蛇のうねり、葛のからみつきかた、草のふるえ動くさま、大麦のすらりとしたかたち、花の香り、木の葉の軽快さ、ノロ鹿のまなざし、日光の快さとたのしさ、風のすばやさ、雲の涙、わた毛の華奢《きやしや》なこと、小鳥の驚きやすいこと、蜜の甘さ、孔雀の虚栄心、燕の柳腰、ダイヤモンドの美しさと雉鳩《きじばと》の鳴き声をとり、これらの特性を混ぜあわせて女を作り、これを男に妻として与えた。

ところが二三日して、男は創造神のところにやってきていった。

「神様、あなたが私に下さった女は、私の人生をだめにしてしまいます。彼女はのべつ幕なしにしゃべりつづけ、私のすべての時間を要求し、ほんのちょっとしたことでも文句をいい、おまけにいつも病気です」

そこで創造神は女をとりあげた。

一週間たつかたたぬかに、男はまたやってきていった。

「神様、あなたが私の妻をとり上げてから、私は淋しくてしかたがありません。彼女は私のところで歌ったり踊ったりしました。彼女がどんなに可愛らしく私を見つめ、私を愛撫することができたか、またどんなに上手に私とあそび、また私の保護をもとめたかを、たえず思わずにはいられません」

そこで神は男に妻を返してやった。

三日とたたぬうちに、男はまた創造神のところにやってきて文句をいった。

「神様、私にはわかりません。考えてみると、あの女は私をよろこばせるよりも、怒らせます。どうか私を彼女から解放して下さい」

しかし創造神はいっしょに生活するように全力をつくせと彼にいった。しかし男は絶望的に答えた。「私はあの女といっしょに生活できません」「それじゃお前はあの女なしに生活できるのか?」と創造神はきいた。すると男は頭を胸に深く垂れていった。「ああ悲しい。私は彼女といっしょには生活できないが、さりとて彼女なしでも生活できない」


この話では、人間が粘土から作られたことになっているのはおもしろい。『旧約聖書』の創世記にも、「ヤハウェ神土の塵をもって人を作り、生気《いのちのいき》をその鼻にふき入れたまえり。人すなわち生霊《いきるもの》となりぬ」とあり、またヤハウェはアダムに、「汝は面《かお》に汗して食物を食いついに土に帰らん。それはそのなかより汝は取られたればなり。汝は塵なれば塵に帰るべきなり」といったとある。また中国でも『風俗通』にこう出ている。「女媧氏《じょかし》が黄土で人間を作った。激務で力が足りないので、縄を泥のなかにいれてひきあげたら、その滴りが人間になった。黄土からできた人は富貴賢知であり、縄をひきまわして作った人間は貧賤凡庸である」。このように、人間を土から製造する神話はフレイザーが明らかにしたように、世界に広く分布しており、アフリカのピグミーや東南オーストラリア原住民のように、ごく未開な採集狩猟民にまで広がっている。しかし、この話の内容から見て、私はこの形式の人類起源神話の生まれた元来の文化的母胎は土器を作る文化であって、そこから、ごく未開な民族にまで伝播していったのではないかと思っている。

このように、創造神の人類創造にあたっても、なにかある物質をもとにして、それから人類を製造することの多いのは、宇宙創造においても原初の物質から作るのと同工異曲である。それればかりでなく、人類起源神話の場合にも、〈虚無からの創造〉がある。北カリフォルニアのウィオット族の神話では、至高神グダトリガクウィットは、人間をつくるのに、砂も、土も、棒も用いなかった。グダトリガクウィットがただ考えただけで人間ができたといっている。

ところで、創造型の宇宙起源神話のなかには、創造神が単独で宇宙を創造したのではなく、協力者といっしょに、あるいは反対者と争いながら作る形式（Ｉｂ）があることはまえに見たとおりである。人類起源神話にもまた、高神がこのような協力者、あるいは反対者とともに人類を作ったというモチーフがある。

ハンガリー人の信ずるところによると、――エヴァは犬の尻尾から創造された。だから女どもにはあんなに蚤《のみ》が多いのである、と百姓たちはいっている。また諺にも、もしもお前が秘密を女の舌に結びつけても、あるいは犬の尻尾に結びつけておいても、その結果はどちらも同じだ、といっている。神がアダムを創造したとき、彼は左脇から一本の肋骨をとりだして地上においた。それから神は、アダムの脇にあいた穴をふさぐための糞を取りにいった。そのあいだに犬が肋骨を盗んで逃げだそうとした。しかし、神は犬の尻尾を切りとり、それからエヴァを作ったのである——。

このように、創造神が犬や悪魔という対立者と葛藤を演じながら人類を創造したというモチーフは、ハンガリーにかぎらず、内陸アジアの西部から東欧にかけて広がっている。かつてフィンランドの民族学者ウノ・ハルヴァ（Uno Harva）が、このモチーフのなかに、善悪の二元論的対立を特徴とするイランの世界観の影響を指摘したのは、おそらく正しかったと思われる。

さて、人類創造神話のなかには、創造神が第一段階の創造だけを行なって、あとは別の形式でこの仕事が完成される形式のものもある。私が北西タイのカレン族のところで聞いた神話もこの形式をとっている。

「この世のはじめに、仏陀が世界の万物を作った。それから一人の男を作った。これがカレンである。女はいなかった。それからこの男のフクラハギが大きくなり、長くなっていったが、ある日、破裂してそこから男女の一対が生まれた。それからこの男女が結婚してカレン族の先祖となった」

フクラハギから人類が生まれるというモチーフは、日本の東北地方のスネコタンパコの民話を思い出させるが、足、ことに膝から人類が生まれたという筋は、東アフリカ、東南アジア、オセアニアに広く分布している。そのことは別として、興味のあるのは、このカレン族の神話では人類創造が段階的になっており、しかも第二段階は高神による創造ではなく、原人から誕生した形になっている点は、進化型あるいは系譜型を思わせるものがある。

植物と卵から

宇宙起源神話に、創造神の介入なしに、原初の物質や胚素から宇宙が生まれ出た進化型（Ⅱa）があり、その一種として植物からの起源神話や卵生神話があるように、人類起源神話にも、このような形式がある。

東北アッサムのタイ系のカムチ族の神話によると、原初に一本の木があった。この木の実から一つの花が咲き、その花から男女一対の人間が出てきた。これが最初の人間だった。しかし王侯たちは、ちがった考えをもっている。プラー神が卵を創造するように命じ、その卵に起源したというのである。

ところで、この卵の創造は世界の発生を意味しているというから、この卵生神話の場合、宇宙起源神話と人類起源神話が一つになっているわけだ。

この神話の前半に、植物から人類が発祥したというモチーフがあるが、これは、日本の桃太郎や『竹取物語』にも痕跡をのこしている形式のものであって、世界の農耕民文化地域、ことに東南アジアやオセアニアに多い。また後半の卵から人類が生まれるという筋は、いわゆる卵生神話であって、たとえば、『大越史記全書《だいえつしきぜんしょ》』に出ているベトナム人の神話にも、こう出ている。

「太古神竜と涇陽王《けいようおう》との間の子、貉竜君《らくりゅうくん》は帝来の女、嫗姫《おうき》を娶って百男を生んで、百粤《ひゃくえつ》の祖となったが、百男は俗に百卵と伝えている」

人間、ことに人類の始祖が、卵あるいは卵状のもののなかから出現したというモチーフの卵生神話は、昔から多くの学者の注目をあびてきたが、最近では、日本の三品彰英氏、ドイツのバウマン教授、スウェーデンのヘルボム女史（A-B. Hellbom）などが広く材料をあつめて研究を発表している。

ここでアジアとオセアニアにおける卵生神話の分布を眺めてみよう。北アジアではヤクート族、ヒマラヤ地方ではチベット、般遮羅《パンジャル》国、インドではムンダ諸族、東南アジアの大陸部ではミキル族、ルシャイ族、チン族、ビルマのメン・マオ王国（十―十三世紀）、ビルマの諸王朝、タイ族、ベトナム人、インドネシアではバタック族、ジャワ、東南ボルネオ、セレベスのミナハサ族、フィリピンのダバオ、多摩萇国《たまちよう》（唐代）、台湾のパイワン族に分布し、さらに東アジアでは海南島の黎《れい》族、中国東海岸の徐偃《じよえん》王伝説、古代朝鮮の加羅、新羅、高句麗および日本の『竹取物語』の異伝にあらわれている。また、オセアニアではニューギニア東北部のコンバ族、アドミラルティ諸島、ニューブリテン島、トレス海峡東部諸島、フィジー島、ナウル島、パラオ島、ハワイ、ニュージーランドにこのモチーフの神話が伝えられている。

では、この地域において卵生神話はどんな系統のものであり、どのような文化と関係があるであろうか？　かつて三品彰英氏が、この分布からして、この神話を南方系であると論じたのは一応は正しい。しかし、ひとくちに南方系といっても、いくつもの文化の流れがある。そのうちどれに関係しているであろうか？　この神話の分布からみて、東南アジアやオセアニアの狩猟民諸文化や古層の栽培民文化には属さないで、比較的新しい文化の波と関係していることは確実である。その意味ではバウマンがこのモチーフの神話を高文化的であるとみなしたのは的をはずれていない。しかし、インドの古代文明や中国の古代文明からの影響でないことは、インドや中国におけるこのモチーフの分布からわかる。インドでは、周辺のヒマラヤ地方と、内部の非ヒンズー的なムンダ諸族が分布領域であり、中国の場合も、徐偃王の伝説は、東南部海岸の非漢民族的な文化を背景としている。

ところで、卵生神話がヒマラヤやインドシナ、インドネシアに色濃く分布しており、しかも竜蛇の要素がこれにしばしば結びついていることは重要だ。ユーラシア大陸では、その他にはエストニア人、フィンランド、ロシアと北ヨーロッパにのみこのモチーフの神話が分布していることなどを考えあわせると、南方系とはいっても、北欧との結びつきを考えざるを得なくなる。

北欧とオセアニア、ことにポリネシアの神話とのあいだには、島釣り神話などの大きい類似があることはフロベニウスやグレープナー以来よく知られていることであり、また東南アジアの竜蛇の神話とヨーロッパの竜蛇の伝承とのあいだにも関係が考えられることは、私も『日本神話の起源』のなかで論じたことがある。

結局、アジアとオセアニアの卵生神話も、東南アジアのドンソン文化（紀元前八〇〇年から紀元前後）と呼ばれる青銅器文化や、それに親縁関係のある諸文化に結びつくものらしく、ヨーロッパの東部から内陸アジアを経て東南アジアに達し、さらに東アジア、オセアニアに広がったものであろう。卵生始祖神話は卵から宇宙が生まれたという神話とも深い関係があるが、まえにも述べたところでもあり、あまり道草を食っていると話が進まないから、その問題にはここでは立ち入らないことにしておこう。

つぎに二つの物質が作用しあって人類が生まれたという形式の、進化型の人類起源神話の例として、ボルネオのカヤン族の伝承を聞こう。

——混沌のはじめはただ海と天があるだけであった。あるとき天から大きな岩が海に落ちたが、その岩に太陽の光線があたると中から虫がはい出してきた。それからだんだん岩の上に土ができてきた。すると太陽から木製の剣の柄が落ち、その柄から根が生えて、たちまち大きな木となった。そこへ月から蔓が落ちてきて木にからまった。こうして木と蔓の接合の結果、男女が生まれ、この二人がカヤン族の先祖になったのである。

神の死体から

宇宙起源神話の（Ⅱｃ）にあたるものは、人類起源神話にもある。というよりもむしろ、死体化生モチーフの人類起源神話は、宇宙起源神話と結合して出現するのがふつうである。まえに紹介した中国の盤古神話の場合もそうであった。もう一つ例をあげると、『リグ・ヴェーダ』のうち、もっとも新しいといわれる部分にでている古代インドの神話では、つぎのようになっている。

「原初にプルシャという巨人がいた。神々が彼を犠牲にして殺したところ、頭は天空となり、両足は大地となり、目からは太陽、精神からは月、呼吸からは風、口からはバラモン、両腕からはクシャトリヤ、股からは農民、足からは賤民が生まれた」

古代インドのほかに、インドゲルマン語族の古代ゲルマン神話では、原古の巨人ユミルの左腕から男女が生まれ、またユミルが殺された後、その死体が世界になったといい、古代イラン神話でも原古の巨人ガヨーマルトの汗から男が生まれ、ガヨーマルトが殺されたとき、その死体から世界が生じ、また原古の牛の死体からは栽培植物が発生したといっている。

これらインドゲルマン諸族の死体化生神話では、どの場合においてもなんらかの形で原古の巨人と並んだ原古の牛が姿を現わしている。牛は古代オリエントの文化を特徴づけていた家畜である。そこで、ウィーンのコッパース教授（W. Koppers 一八八六—一九六一年）は、これは、インドゲルマン語族がまだ分裂する以前にコーカサスから古代オリエントにかけての地域から及んだ〈南方的〉要素であると解釈した。この説はおそらく正しい。まえにも述べたように、バビロニアのティアマト殺しの神話には、死体化生による宇宙起源神話の要素があるばかりでなく、古代オリエントにおいては牛の崇拝と供犠が発達していたのである。そればかりでなく、バウマンによれば、世界の他の地域における死体化生による宇宙起源神話や人類起源神話は、結局はオリエントの高文化地帯からの放射によるものであった。

ところで、死体化生モチーフは、あとで世界像の諸類型の章でもとりあつかうように、作物の起源神話にも見られる。しかし、これをバウマンのように高文化的な死体宇宙化生モチーフが未開民族のところに及んで矮小化《わいしょう》し、食物起源神話になったという考えは無理であって、死体から栽培植物が発生したというモチーフは、イェンゼンが論ずるように、高文化以前にすでに未開農耕民文化に存在していたと見るべきだろう。

ミトラ神　ミトラは神聖な洞窟で牛を供犠した。ミトラの祭儀は、オリエントからギリシャ・ローマに広がった。

地中からの出現

いままで述べてきた例は、宇宙起源神話にもある形式を用いている。ところが、人類起源神話の中には、宇宙起源神話にはない形式のものがある。

人類起源神話が宇宙起源神話とちがっている第一の形式は、しばしば、すでに宇宙の存在を前提として、そこから話を始めるタイプだ。その代表的なものは、大地の中から人類が出現するモチーフと、天から人類が降下するモチーフである。

大地から人類が出現したモチーフの例として、朝鮮の済州島の神話を紹介しよう。『高麗史』や『東文選《とうもんぜん》』、『耽羅志《たんらし》』などさまざまの書物に記されているこの神話によると、――原初には、人間がいなかったが、高乙那《こうおつな》、良乙那《りょうおつな》、夫乙那《ふおつな》という三人の兄弟が洞窟からでてきた。今日でもこの三人が抜けでてきたという洞窟があって神聖視されている。この三人はみな男であった。ある日、東の海浜に木の箱が流れてきた。三人がこの箱を開けてみるとなかから三人の女と五穀と家畜がでてきた。そこで、高・良・夫の三人はそれぞれ一人ずつ女をとって、ここに三夫婦ができた。三夫婦は三カ所に住んで、ついに今日の済州島民ができた。そしてこの三人の女は日本からやってきたのだ。と伝えられている。

このような洞窟からの人類起源の神話は、世界の未開農耕民のあいだに広く分布している。アッサムのロータ・ナガ族の三つの胞族《フラトリー》（一部族中のいくつかの氏族があつまって胞族ができる）は、地中から出現した最初の人々である三人の兄弟を先祖としているという神話や、メラネシアのトロブリアンド島民の、洞窟から最初の一組の人類――家長としての姉とその守護者としての弟――が出現して土地を所有したという神話や、さらに北米南西部のズニ族の神話が、世界の四つの洞窟子宮から人類やその他の生物が出現した、と伝えているなど例が多い。

ところで、ロング(C. H. Long)は、このような地中あるいは洞窟からの人類の出現の神話を、死体化生による宇宙および人類起源神話とひとまとめにして、出現神話(emergence myth)と名づけ、その根底に女性原理としての大地、あるいは母なる大地の観念があると考えた。なるほど、あるものの中から出現するという点では共通しているが、この説はそのままうけいれるわけにはゆかない。

なぜなら、第一に、地中や洞窟から人類が出現するというモチーフは、宇宙の存在を前提としており、それをかならずしも前提としていない死体化生モチーフとは異なっているからであり、この二つは区別する必要がある。第二に、地中や洞窟からの出現モチーフにしても、死体化生による宇宙や人類の起源にしても、洞窟や原古の巨人が明瞭に女性と考えられている場合はすくないから、この考えを支持することは困難と思われる。

天からの降臨

これにたいして、天から人類がやってきたという人類起源神話は、農耕民のところにもあるが、旧大陸、ことにアフリカでは牧畜民のところに多い。

東北アフリカのヌオング・ヌエル族の神話によるとつぎのように語られている。——昔、天の住民は綱をつたわって地上に食物をとりにおりてきた。この綱の下端は糞の木になっていた。その当時、人間は二カ月間死ぬだけであって、そのあいだに、彼らは綱をつたわって天にのぼり、そこに滞在したのち、ふたたび地上にもどってくるのであった。リルという若者は手に一尾の魚をもって天から降りてきて、一人のマンダリ族に発見されて養育された。のちにリルは糞の木に坐っていた一人の天の少女を恋するようになったが、そのとき、天の住民は綱を切ってしまった。天にもどることを拒否した少女はリルの妻となった。この二人がヌオング・ヌエル族の先祖である。

人類起源神話という性格を明瞭にとどめてはいないが、日本の天孫降臨の神話なども、この系列に入れて考えるべきものであろう。

人類起源神話の問題を考えるうえでふれておきたいことは、レオ・フロベニウスが〈ひっくり返しの法則〉と名づけたものがあることだ。もちろん、これは厳密な法則ではないから、〈ひっくり返しの原則〉とここではいっておこう。要するに、終末についての考えが起源についても適用され、起源についてのおなじ観念が終末にも使われていることだ。死体が腐ってゆくとウジがわく。ところがこれを逆にして、ウジから人間が生まれたという神話が生まれてくる。

ポリネシアのトンガやサモアの神話では、ターナロア神はその娘のトゥリをヤマシギの形で天降らせた。裸の岩に生物を住まわせるためである。このようにして発生した蔓草の一つが枯れ、その葉や茎からウジムシが生まれた。トゥリは嘴《くちばし》で、このウジムシをくだくと、中から人間を作り出したという。

これがフロベニウスのあげた例であるが、その他にも〈ひっくり返しの原則〉で説明できる人類起源神話はいろいろある。たとえば、死者の魂は天なる他界に赴くという観念に対応しているのが、天から人類がやってきたという人類起源神話であり、死者の国は地下にあるという表象に対応するものは、地下や洞窟から人類が発生したというモチーフである。またフルトクランツが指摘したように、死者の国の主はほとんどすべて宇宙創造神話の登場人物である。つまり至高神、大母神、死せる双生児兄弟、最初の人間などである。日本神話においても、黄泉《よみ》の国の主は、国土を創造し、最初に結婚し、かつ最初に死んだ女神イザナミであった。

ところで、フロベニウスが、この〈ひっくり返しの原則〉は、死者崇拝のさかんな民族とか、〈太陽的世界観〉をもつ民族に著しいと指摘したように、これがことに顕著なのは、農耕民に多いのである。未来における世界の終末論の神話が農耕民に多いこともここで思いだしておこう。

犬祖神話

このように、宇宙の存在を前提として天や地中からの人類の起源を説くばかりでなく、なかには、人類の存在を前提として、ある部族や民族の起源を説くモチーフもある。未開民族の多くでは、自分たちの仲間だけが真の人類なのである。こういう見かたからすれば、人類の存在を前提として、人類の起源を説く神話といってもよい。たとえば、ベトナム北部のマン族（ヤオ族）は、彼らの起源をこう伝えている。

「中国の皇帝パンは長年にわたってカオ王と争っていたが、ついに従えることができなかった。そこである日、宿敵の首をもたらしたものには姫をつかわすであろうと布告を出した。この不用意な言葉を槃瓠《ばんこ》という犬が聞いた。槃瓠はカオ王の陣営に赴いて、王を嚙んで首を中国の皇帝に持っていった。皇帝は約束にそむくわけにもゆかず、姫を槃瓠に与えた。彼らのあいだに六人の男子と六人の女子が生まれた。その子孫がヤオ族になった。姫は持参金として皇帝の所領の半分を槃瓠にもたらしたが、パン皇帝は自分の犠牲を軽くするために、ずるい忠告者の言を容れて、中国人には役にもたたない山地や丘陵のいただきなどを槃瓠とその子孫に与えた」

この話は、じつはすでに『後漢書』にも南蛮の起源神話として出ている古いものであるが、このように、人間の女、あるいは男（多くの場合は女）が犬と結婚し、部族の始祖となったという、馬琴の『八犬伝』の伏姫を思いださせるような話は、アジアやオセアニアからさらにアメリカ大陸にまでかなり広く分布しており、オーストリアのコッパース、ドイツのクレッチュマー（Freda Kretschmar）、わが国の三品彰英氏などが詳しい研究を行なってきた。

アジアにおけるこの神話の分布の中心は三つある。

第一は、東北アジアのチュクチ族やアイヌであって、ソ連の考古学者オクラドニコフ（A. P. Okladnikov）はこれを東北アジアの先史海岸文化に属するものと考え、コッパースは北アメリカのエスキモーやアサパスカン諸族の類似の神話との関係を考えた。

第二は、内陸アジアのアルタイ語族であって、間島満州人、満州の馴鹿ツングース族、蒙古、兀良哈《ウリヤンハイ》、北狗《ほくぐ》国《こく》人（五代）、キルギス人、そしておそらく犬戎《けんじゅう》にも分布しており、中国の史書に出ている突厥《とっけつ》や高車《こうしゃ》、おそらくは烏孫《うそん》、蒙古、羌《きょう》人の狼との結婚モチーフとも関係があろう。だがコッパースによれば、犬祖神話はトルコ系の遊牧民には固有のものではないという。

第三の中心は、中国南部から東南アジアにかけてであって、槃瓠蛮、苗族、瑤《ヤオ》族、南越、畲《ショオ》族、海南島の黎族、台湾のタイヤル族、平埔《へいほ》族、琉球の与那国島、『扶桑国伝』の狗人国、マライ半島、ニコバル島、スマトラのアチェー族、ニアス島、ジャワのカラング族、ビルマのペグー人、シャン族、オセアニアでは東北ニューギニア、ソロモン群島のモノ・アル諸島に分布している。この第三群のうちでもことに中心になっているのは、華南の瑤族であったと考えられる。

しかし、クレッチュマーや三品氏が論じたように、内陸アジアの遊牧民の狼祖神話のほうが、中国南部の槃瓠神話よりも原初的な形態をとっている。また中国以南の分布にしても、オセアニアやインドまではほとんど及んでおらず、しかもしばしば高文化の影響を示す地方に見られることからみても、このモチーフは中国南部や東南アジアではたいして古いものとは思われない。

しかし、華南において犬祖神話が受容され、あるいは発達するのに適した文化的母胎は、農耕を行なってはいるが、まだ狩猟民文化的色彩のつよい文化であったろう。このことは、瑤族の文化形態からも、また農耕民のところに広く分布していながらも、犬祖というアニマリズム的観念が結びついていることからも、十分考えられることだ。

東北アジアの中心へは、華南あるいは東南アジアから影響していったものとコッパースは主張しているが、これはまだ決定的ではない。しかしコッパースやユーゴスラビアの民族学者ガース（A. Gahs）が指摘したように、東北アジアと東南アジアには、文化のその他の面においてもしばしば類似がみられるから、なんらかの関係はあったのであろう。

死と生殖の起源

死の起源に関する神話も、広い意味での人類起源神話の一部である。つまり、今日のわれわれのような、死ぬべき存在としての人間がここに始まるのである。死の起源の神話については、フレイザーをはじめとして、アフリカに関してのスウェーデンのアブラハムソン（H. Abrahamsson）、オセアニアについては、アネル（B. Anell）の研究など、多くの論著があり、いくつかの形式のあることが明らかになっている。

ところで、死の起源神話は内容的にも人類起源神話と密接に関連していて、人類起源神話の一部としてとりあつかわれている場合もすくなくない。また他方では、死の起源神話が人類起源神話や宇宙起源神話に対応した構造をもっていることがある。つまり、単独の創造神による創造に対応する死の起源神話は、創造神の命令に違反したことにたいする罰としての死であり、また創造神が他の神の協力を得て、宇宙や人類を創造する話に対応する、死の起源神話は二神が対立して、一方は人類に不死を、他方は死を与えることを主張し、結局、死が与えられたというモチーフである。

人間が神の命令に背いたために死が生じたというモチーフは、分布も広く、またそのなかをさらにいくつにも細分することができよう。

アフリカのコンゴのピグミーの神話によるとそれはつぎのようになっている。

――マスパという名の神は、最初の人間たちのあいだに姿をかくして住んでいたが、いつも彼らと話をしていた。彼は人間たちに、彼を見ようとしないように命じ、もしそれに反すれば不幸がやってくるといった。その当時人間たちは幸福に生活していて、働く必要はなかった。すべてのものが彼らのところにやってきたからである。

しかし、女は好奇心にたえかねて、見えざる神をそっと探知しようとした。そして彼女は神の腕を見ることに成功した。神は女を呪って、それ以来、出産の苦痛を与えることにした。そして神は人間のところから立ち去り、神とともに幸福と平和も立ち去ってしまった。人間は一生懸命働かなくてはならないようになり、また死ぬようになった。この女が最初に生んだ子供は、生まれて二日後に死んだ。

このピグミーの神話で、死の起源が出産の起源と関連して説かれているのはおもしろい。『旧約聖書』のアダムとエヴァの神話でも、リンゴを食べることによってエヴァに性欲が目ざめた。このように性交は豊穣と結びついているばかりでなく、その結果として死もまた生じたのである。死と性交とが起源神話においては密接に関連していることについて学者の注意をよび起こしたのは、プロイスの大きい功績であった。

プロイスは、テスマン（G. Tessmann）の報告した西アフリカのパングヴェ族のつぎの神話を紹介してから、おもしろい考えを述べている。それによると、

――パングヴェ族の高神エサムニイアマベゲは彼の息子モーデをその妻とともに残して立ち去っていったが、そのときこういった。

「私はじきに帰ってくるが、おまえはエボンの実（エボンにはジャベの木の実と女の性器という二重の意味がある）を食べてはいけない」

新しい滞在の場所にくると、神は息子のモーデに作物と火をのこしてやるのを忘れたことを思いだした。そこで彼は別の息子オテングにこれらの物をもたせて使いにやった。オテングは蛇である。

しかし、この蛇はモーデにこれらの物を渡さないで、そのかわりに「お前はエボンの実を食べなくてはならない」といった。それから蛇は、モーデにいったことを神に報告した。そこで神は蛇を追いはらい、蛇は藪のなかに入った。神自身はただちにモーデのところにもどっていった。

ところがモーデは神がやってくるのを見ると女のようにかくれた。神は「なぜ私のいいつけに背いたか、私自身がお前に時間を与えようといったではないか」とモーデにいった。また、神は女にたいして「おまえは人間を生むであろうが、その半分は死に、あとの半分が生きるであろう」といった（これが死と生誕である）。それから神はモーデに向かって、海をこえて天に立ち去ってゆけと告げた。

この神話を報告したテスマンによると、パングヴェ族の考えでは、蛇はペニスであり、果実はヴルヴァである。だから旧約聖書では女が最初に性欲に目ざめたことになっているのとはちがって、ここでは蛇がエボンの実を食うようにと男をそそのかし、また神がエボンの実を食うなと命じたのも男にたいしてであった。

この神話の意味は、神は最初、男女間の性交を禁止していたのであるが、蛇（ペニス）が神の許可（自己欺瞞？）であるといって男に実を食べるように伝えた。しかし神は罰として人間に死を科したのである。このことは、生き物が果実を生み、人生の目的が充たされたというかぎりにおいて、性交—死という順序を生物学的には因果関係であると見ることができる。

プロイスが、この神話や他の例にもとづいて強調したように、今日でも死の起源の神話によって成年式の儀礼が基礎づけられていることが多い。若者が性的にも成熟したことは成年式によって社会的に認められる。その場合、少年としての彼は一度死に、若者として生きかえってくるのであり、このような成年式は死と性交の起源神話によって基礎づけられているのである。パングヴェ族の一部のヤウンデ族の成年式は〈スソ〉と呼ばれているが、これもまたそのような性格のものであった。

死の起源と成年式との結びつきは、メラネシアのブーゲンヴィル島南端の、ブイン族の神話にもよく出ている。トゥルンヴァルト（R. Thurnwald 一八六九―一九五四年）はこう記録した。

「二人の大酋長が、幽霊山においての成年式にあたって、お互いに義兄弟のちぎりを結ぶための祭宴を催した。すべての鳥が祭宴にやってき、ククケ〔動物の名〕もヒキガエルも出発した。ヒキガエルは槍と二本の棍棒をもってゆき、その姿で祭宴の場に現われた。ヒキガエルは他の者たちのなかに入らないで、森の端の近くの開墾地の境界にひとり離れていた。ヒキガエルは槍をつっかえ棒にして、片足を揚げ、二本の棍棒を肩にして立っていた。酋長たちの息子たちも出席していたが、彼らは飾帯や腕輪をつけ、また腕輪にはよい香りの葉、貝殻などをつけていた。

犬もそこにいたが、おしゃれをしていた。ヒキガエルは、みんながそんなに綺麗に飾っているのを見て、くやしさのあまり死んでしまった。そのあと他の者たちも死んだので、そこで死がこの世に出現した。しかしこのヒキガエルは、月のなかの寝屋からやってきたものだった。月にある男の家のコギトゥク酋長はヒキガエルの息子である。彼もまたヒキガエル氏族に属している。ヒキガエルが暁の明星として天に現われるときにはいつも死者が火葬されるのである」

二神対立型の死の起源の神話は、日本のイザナキとイザナミが黄泉比良坂《よもつひらさか》の千引岩《ちびきいわ》で、女神が毎日人間を千人殺すといい、男神がそれなら毎日産屋を千五百つくると答えた問答もその一種である。この対立型の痕跡は、プロイスが報告した、メキシコのコラ・インディアンの死の起源の神話にも見られる。

――われわれの父なる太陽は、「ここ地上ではどのようになるであろうか？」と考えてみた。ここで彼は考える人たち（儀式の主宰者たち）にいった。「生まれた者たち（人間たち）についてなにが起こるべきだとお前たちは思うか」

われわれの古老のうち何人かは、「彼らは天高く放浪すべきである」といったが、他の長老たちは、「彼らは年とったならば飛び去るべきだ」といった。またあるものは、「彼らは西方の生命の水の中で消滅すべきである」といい、他の長老は、「彼らは無に帰すべきである」といい、また他の長老は、「彼らは山のなかで消滅すべきだ」といった。長老たちにはわからなかった。全くわからなかった。そこに、トカゲがやってきて、それから遠くのほうにいった。このことをわれわれの父なる太陽が聞いていった。「さあ、あのトカゲがこれについてなんというか聞いてこい」

人びとはトカゲを呼んできた。そこでトカゲはやってきた。人びとは尋ねた。「お前はどう思うか？　生まれた者たちはどうなったらよいだろうか？」トカゲはただちに答えた。「彼らは死ぬべきである。彼らは生まれ、ここ（地上）の下の地下において消滅すべきである。大地は彼らを食物とするだろう。地上では彼らは大地を利用すべきであり、一方、大地は彼らを食べるであろう。ここでは彼らが播いたものが生えてくるであろう。ここで発芽するものすべてによって彼らは生き、かつ存続する」

このコラ族の神話に明瞭にうかがわれるのは、死の起源と食物の起源が密接な関係にあることである。

このほかに、人類が卵や洞窟から出現したというモチーフと同じように、死があるものの中から出現したというモチーフもある。アフリカのエフェ・ピグミーにも、このような容器から死が現われる話があり、人類に不幸をもたらしたギリシャの美女パンドーラーの小箱も、また日本の浦島太郎が竜宮の乙姫様からもらった玉手箱も、この死の容器の変化したものであった。

死の起源の神話としては、そのほか、人間も昔は蛇のように脱皮して死ななかったが、脱皮をやめたために死ぬようになった（脱皮モチーフ）とか、食物として石を選ばず、バナナを選んだので死ぬようになった（バナナ・タイプ）とか、人間に不死を与えようとした神の命令を、伝令の動物が間違って伝えたために人間は死ぬようになった、という伝令モチーフなど、さまざまのものがあるが、ここでは名前をあげるだけにしておこう。

神々の神話

ところで、人類起源神話に関連して述べておきたいのは、神々の起源と系譜を物語る神話（Theogonische Mythe）あるいは神々の生涯や活躍を描く神話（Göttermythe）の問題である。リューレもヘッケルも、これを神話の分類の一項目としてあげている。きわめて個人化され、ひどく人間臭い心理的性格をおびた神々の生涯、行為、行動、およびそれと宇宙や人間との関係を描いたのが神々の神話であって、ヘッケルが論じたように、これがおもに見いだされるところは、高文化諸民族や、あるいはそれによって影響された諸民族の特徴をなしている多神教的な宗教体系においてであり、その一変種としての、神々の起源神話も、リューレが論じているように、高文化宗教において発達しているのだ。

波瀾に富んだスサノオの生涯も、神々の神話の一例であるが、それればかりでなく、全神話体系が、いわば系図の網の目によってまとめられている日本神話全体が、〈神々の神話〉の性格を濃厚にもっているといってよい。

ゼウスの世界支配に先行した巨人たちの恐ろしい闘争や、ギリシャのパンテオンの全系譜体系を記したヘーシオドスの『神統記』も神々の神話のよい例である。古代エジプトでも、太陽の神レーは、原初の大洋ヌーンから出現したが、自身のなかから最初の一対の神々シューとテフネトが生まれ、彼らはゲブとヌート（大地の男神と天の女神）を生み、この二人は男神オシリスとセト、女神イシスとネプテュスを生んだ。

これは神々の神話であり、神々の起源と系譜の神話である。未開民族でも、高文化的世界像の影響の強いところでは、神々の起源と系譜を物語る神話が発達しているところがある。ポリネシアはその代表的な例であるが、北米南西部もまたそうである。北米南西部のナバホ族の神話によると、

――原初においては、色とりどりの霧が空中を浮動していたが、それは上下に定着し、最高に神聖なるもの――風が創造された。風は、霧から最初の男と最初の女を形成し、彼らに〈両親〉として黄色い薄明（父）と黎明（母）とを与えた。霧から作られた卵のなかから、最高に神聖なるもの――風は、彼の助手として、多くの存在を形成した。話すもの、休むもの、風の人、火などである。

神々の神話は高文化的な神話の大きい特徴である。エリアーデがつぎのように論じているのは、はなはだ傾聴すべきものがある。

「ヨーロッパとアジアの初期高文化における多神教のさまざまの大神話体系は、大地の創造のあとで、いな人類の創造（あるいは出現）のあとで起こったことをしだいにとりあつかいはじめた。いまや神々になにが起こったかが強調され、もはや神々がなにを創造したかは強調されなくなった。もちろん、すべての神の冒険には大なり小なり明瞭な〈創造

的〉な側面が存在する――しかし、しだいに重要になってくるのは、もはや冒険の結果ではなく、冒険を構成している劇的な出来事の継起なのである。

バアルやゼウスやインドラの冒険や、それぞれのパンテオンにおける彼らの仲間の冒険は、もっとも〈人気のある〉神話のテーマなのである。

ホメーロスやヘーシオドスのような詩人により、またインドの『マハーバーラタ』の無名の吟唱詩人によって神聖にされ、あるいはエジプトやインドやメソポタミアにおけるように、儀礼に精通した人や神学者たちによって精緻にされた大神話体系は、だんだんに神々の手柄を物語る傾向に陥った。そして歴史上のある瞬間に――ことにギリシャとインドおよびエジプトにおいて――エリートたちは、この聖なる歴史に興味を失い、ギリシャにおけるように、神話をもはや信じないが、それでもまだ神々を信ずると主張する点にまで到達するのである」

このエリアーデの説明はすぐれている。私がこの説明につけ加えておきたいのは、神々の神話の発達は、英雄叙事詩の発生と深い関係があることである。つまり波瀾万丈の活躍をする神々は、神というよりも人間、ことに英雄の性格をもち始めている。そして、このような神々あるいは英雄の生涯をうたいあげるのには、叙事詩は好都合な形式だったのである。

Ⅵ　文化の起源

火と性と太陽

文化の起源についての神話は数多い。そのなかでも、世界的に広く分布し、かつ重要なのは、火の起源の神話と栽培植物の起源の神話である。このうち栽培植物の起源の神話は、あとで世界像の諸類型の章でくわしくとりあつかうので、ここでは火の起源の神話や、他の一、二の問題だけをとりあげよう。

火の起源についても、フレイザーが明らかにしたようにさまざまのモチーフがある。創造神によって創造されたモチーフもしばしば見られるが、人類起源神話や宇宙起源神話の一部になっている場合が多い。バウマンによれば、アフリカではパングヴェ族のヌツアムビ神、ヌガタ族のジャコムバ神、リポッソ族のウヴォログ神等々が人類に火を与えたり教

プロメテウスの刑罰

えたりしたのである。

さて、火の起源神話にしばしば見られる観念は、火は、元来は人間の体内にあったという見かたであって、これはことにメラネシアに多い。ビリビリ島の神話によると、火は一人の大きな老女の恥部のなかにあった。二人の若者がこの老女によって捕えられた。それから彼女は彼らに三本の恥毛を与えた。このようにして火は、地上にもたらされたのである。この話で、火が女の恥部にあったと語っているのはおもしろい。

火と性のあいだの密接な関係もまた広く分布しており、前に説明神話のところであげた、ニューギニアのマリンド・アニム族の神話では、性交によって火が出たといい、日本神話でもイザナミは火の神カグツチを生むとき美蕃登《みほと》を焼かれて死んだのである。このような体内からの火の出現神話の背後には、発火錐によって火をつくる習俗があること、つまり、女の板に男の棒を立てて、錐のように揉んで火を起こす習俗があることは、多くの学者の考えたところであった。

火と性との関係は儀礼の面にも現われている。アフリカのロアンゴでは、最初の王が火をもたらしたと伝えられている。そこで、子孫の王が死ぬと、国家の火は消され、あらたな火を起こすことは、新しい支配の最初の仕事なのである。このために特に養育され、かつ世話をされた青年と処女の一対が、二本の木、つまり男の木と女の木を用いて火を鑽《き》り出さなくてはならない。この行為を表わすクディエムバということばは、たくさんの意味をもっている。平和や友情をかためることでもあり、いっしょになり、性交することであり、またこの火を起こすことでもある。

そしてこの一対の男女は、王や宮廷の人たちやあつまった国民の前で公然と、素裸になって交接しなくてはならない。それが済むと、二人は突然穴のなかにつき落され、ただちに土がかけられたのである。

インドのジャングルのなかに住むジュアング族の神話は火の起源と発火法とについてこう伝えている。

——ルシという文化英雄的な祖先はある蟻塚のなかに住んでいた。ときに彼は外に出て息をし、また石臼の上で足を踏みならすのを常としていた。このようにしても、二年も彼が足を踏みならしたとき、石臼から火が生じ、石ばかりではなく山や木が真赤に燃えた。神々はこれを見て恐れをなした。神々は考えた。

「だれもこの火を消さないだろう。われわれは燃えつきて灰になってしまうだろう」

彼は火のところにやってきて、両手をあわせて話しかけた。

「汝はわれわれすべてのもののうち最大のものだ。ひとはまず汝に祈り、それからわれわれのことを思うであろう」

火は言った。

「よし、だが汝らは私に住む場所を示さなくてはならない」

「木と石のなかに住め」と神々はいった。

それ以来火は木と石のなかにいる。だからわれわれはいつも薫香を、すべての神々よりも先にまず火にささげるのである。ルシが踏みならした石臼は太陽、つまり火のかたまりとなり、擦石は、太陽から火をもたらす月となった。ルシが、彼の石を打ったとき、そのかけらは飛んで星となった。

この神話でも、火と太陽との深い関係が示されている。火と太陽との関係は、火を盗む神話にもしばしば現われてくる。ニュージーランドの神話によると、火を盗んだマウイ神が、火の神の追求から逃れて、手に発火具をもって上界に逃げたとき、太陽がはじめて昇ったという。フロベニウスが述べたように、「火を盗むことに関する神話は、ことによると、すべての太陽神話中でもっとも美しいものだ。なぜならば、そのなかで日の出がいつももっとも写実的に描かれているからだ」

また、火の盗人は動物、ことに鳥として考えられていることもある。火盗み神話のなかで、一番有名なのは、なんといってもギリシャのプロメテウス神話である。これについては、世界像の諸類型の章でくわしくあつかうことにしよう。

文化英雄

もちろん神話でとりあげられる文化の起源は火の起源ばかりではない。ありとあらゆる文化要素の起源が神話の対象となる。いくつか例を拾ってみよう。台湾のタイヤル族のマリコワン蕃と北勢蕃は入れ墨の起源をこう伝えている。

「昔、多くの婦女子が一時に死亡したので、ひとびとはどうしたものかと心を悩ました。あるとき神が夢枕に立って、入れ墨したならば災難を免れるだろうと教えた。しかしだれもその方法を知らなかった。ある発明好きな男がまず松明《たいまつ》の煤《すす》をとって女の衣の上に模様を描き、こうしたらよいと教えた。そこで女は細い針で顔をつき、松明の煤をそのうえに塗ったが、一度入れた墨は消えなかった。そして死亡者はなくなった。それ以来入れ墨は絶えず行なわれ、一種の装飾ともなり、成熟した女のしるしともなった。

昔、祖先たちがその原住地に充ち溢れたとき、おのおの好むところによって二隊に分かれ、喊声《かんせい》によって人員の多少をくらべたが、平地に降った土人〔漢民族〕に欺かれて多くの人数を失ってしまった。多数の隊である土人は、「われわれは鍛刀の術を知っているから、多くの人を必要とする」といって麓に降りていった。そこで人数の少ない祖先たちは、このうえ同士討ちでもすると、いよいよ全滅してしまうから、入れ墨して土人と区別する必要があった。そのうえ婦女子のように長命もできるし、女ばかり立派に入れ墨をしているのに男がしないのは醜いことであるというので、男子の入れ墨の風習がおきたのである」

ここで、入れ墨の起源が死との関係において語られていることはおもしろい。事実、中部インドから東南アジアを経て、オセアニアにおよぶ焼畑耕作民のあいだには、入れ墨が死後の世界へのパスポートだという考えが広く分布している。だから入れ墨と死との結びつきが、台湾タイヤル族の神話に出てくるのは、けっして不思議ではない。また一般に入れ墨を施すのは、多くの民族のもとでは思春期においてである。つまり、成年式と同様に、子供としての人間が一度死に、一人前の若者として生まれかわるときだ。このとき施される入れ墨が、死と結びついて考えられているのは深い意味があるわけだ。

暑い台湾から酷寒のシベリアに目をむけよう。そこではオビ・ウゴル諸族の神話のなかで、一人の文化英雄である偉大な狩人のことが語られている。彼は日本のカンジキにあたる雪靴を作って、〈六脚〉のオオシカを追いつめて、その後脚を切りとったことが伝えられている。オオシカの脚の数を減らしたことによって、彼はだれにでもこの偉大で強力な動物を狩りとることができるようにしたのであった。銀河は〈この偉大な狩人のスキーの跡〉なのである。

ソ連の民族学者チェルネツォフ（V. N. Chernetsov）が論じたように、この神話は、雪靴の発明によって新石器的な湖岸居住者たちが、深い冬の雪のなかで狩をすることができるようになった真の革命であり、また同時に北方の民族・文化史にあらたな時代をひらいた出来事を反映していると考えてさしつかえないであろう。

ところで、このようにさまざまな文化要素の起源が、神話のなかで語られている。そしてこれらの人類に有益な、あるいは意義深い発明や発見をもたらした人物は、学界では文化英雄（culture hero, Heilbringer）という術語で呼ばれている。入れ墨を発明した男も、雪靴を発明した男も文化英雄である。中国古代神話の、火を発明した燧人《すいじん》氏も、百草《ひゃくそう》を鞭《むち》うって医薬の開祖となった神農氏も、みな文化英雄の側面をもっている。ここで、この文化英雄なるものについて一言しておこう。

文化英雄については、エーレンライヒをはじめとして、いろいろな学者の研究のおかげで、だいぶその性格がはっきりしてきた。まず問題となるのは、文化英雄と高神との関係である。かつて文化史家クルト・ブライジッヒ（K. Breysig 一八六六―一九四〇年）は、文化英雄は実在の原古の英雄であって、これが神観念の前段階なのだと考えた。これを批判してエーレンライヒは、「神々と文化英雄たち」という有名な論文（一九〇六年）で、至高神のほうが文化英雄よりも古く、そして文化英雄は神の前段階なのではなく、至高神が人間化することによって生じた変形であり派生物であり、二次的に神となることもできるが、ふつうは人間化の道をさらに進んで本物の地上の英雄に同化してしまったのだと考えた。

この考えに、ヴィルヘルム・シュミットも基本的には賛成し、さらにつぎのように論じた。

もっとも未開な採集狩猟民文化では、文化英雄はふつう部族の始祖であって、至高神とははっきり区別されている。牧畜民文化では、部族の英雄は至高神と融合したり、あるいはそれに対立する悪の原理の代表者となり、トーテミズム的高級狩猟民文化では、部族の始祖の観念は弱く、文化英雄はしばしば太陽をあらわすライオンや鷲のような動物となり、このような太陽英雄が至高神を圧迫する。さらに母権的栽培民文化では、至高神と部族の始祖との融合の結果、大母神あるいは部族の母の形をとったり、明るい月と暗い月をあらわす一対の兄弟の文化英雄の形をとった。

このシュミットの説は、彼の文化圏体系が崩壊した今日、そのまま認めるわけにはゆかないが、いろいろな点で示唆的である。そのなかでもことに重要なのは、文化英雄は至高神とは別であり、発生的には部族の始祖であり、かつ多くの文化においても部族の始祖としての性格を、ある程度保存しているという指摘である。

事実、ふつう文化英雄と呼ばれている神話中の人物は、高神とはちがう。まず文化英雄の場合は、すでに世界が存在していて、その前提のうえで、いろいろ新しい発明や発見を人間の世界に導入している。創造神とちがって、宇宙の創造というようなことはない。また、文化英雄はけっして万物の創造者ではなく、火とか農耕などという特定の文化要素というかぎられた範囲の創造行為を行なっているのも、創造神の全面的な創造行為とはちがう。また創造神が人態神であるのに反して、文化英雄は人態のこともあるが、動物の形をとっていることも多い。またイェンゼンが指摘したように、高神の創造行為は、ことばによって万物を創造したりして、神話的内容が乏しいのに反して、文化英雄の創造行為は、まさに神話によってのみ伝えられうるような性格のものである。

しかしイェンゼンも論じているように、文化英雄にも神としての性格がある。未開民族の神観念は高神にかぎられているのではない。ここで問題となっているのは、別の神観念、つまり文化英雄が原古の終りにおいて、現存の秩序を設定したデマ神的性格である。シュミットが部族の始祖、部族の母という形で表現したもののうち、すくなくとも一部は、デマ神的性格を認めてよいであろう。このデマ神の問題については、世界像の諸類型のところでまた触れることにして、文化の起源の神話にたちもどることにしよう。

文化の起源の神話のうち、未開民族のところでしばしばぶつかる一群の神話がある。それは、特定の文化要素がなぜその民族にはないかということを語る神話である。いわば否定的な文化起源神話だ。たとえば、東南アジア、ことに大陸部には、〈失われた文字〉の神話が、山地の未開農耕民のあいだに広く分布している。私がタイのカレン族のところで聞いたものはつぎのようなものである。

「大昔、タイ人、ビルマ人、インド人などが仏陀のところに文字を習いにいった。だが、カレン族とラワ族だけが、畑の草取りに忙しく、文字を習いにゆく時間がなかった。それでカレン族は、通行する他の民族に、文字をもらってきてくれとたのんだ。そしてカレン族は、すべての人が帰るまで待っていた。彼らはカレン族に若干の文字を与えた。しかしカレン族はまだ働いていたので、勉強する時間がないため、家の屋根に文字をおいた。ところがそれは屋根から落ちて鶏に食われてしまった。だからいまでもカレン族とラワ族は文字をもっていない」

このような一連の、持たざるものの神話には、文明民族にたいする未開民族の自嘲と、不満と、ときには激しいいきどおりがみなぎっているのである。

Ⅶ　世界像の諸類型

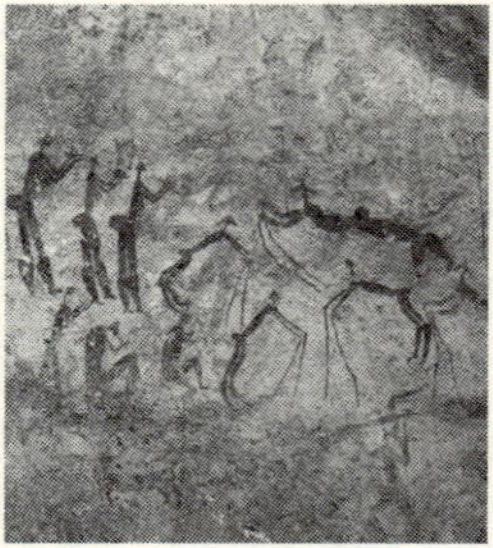

南アフリカの岩絵

狩猟民と動物

人間が現実にたいしてもっている基本的なものの見かたあるいは態度が、具体的な神話や儀礼などにおいて表現されているものを世界像（Weltbild）とよぶ。こういう世界像は、民族が異なり、文化が異なるにつれて、種々さまざまな様相を呈している。しかもそれは、その民族あるいは文化の生活様式全体の表現であり、世界像における中心的なテーマは、生活様式あるいは文化の発達とともに、異なったものに変化してゆく。

人類の歴史のすくなくとも九八パーセント以上は、まだ農耕も家畜の飼育も知らない、採集狩猟民文化の段階にあった。現在も地球上には採集狩猟段階の民族が、あちこちに残っている。こういう民族の世界像において、ことに重要な役割を果たしているのは動物である。いうまでもなく野獣の狩猟という経済形態の反映だ。動物が人間とおなじようにものをいい、行動し、かつ人間が動物になることもあれば、動物が人間に変身することもある。動物は人間よりも劣った存在ではなく、同格者であり、ときには特定の種類の動物は神ですらある。アイヌが、熊を同時に神（カムイ）と考えているのもその一例だ。

こういうものの考えかたは、かつてレオ・フロベニウスが、アニマリズムと呼んだものであった（霊魂の信仰であるアニミズムと混同しないでほしい）。

北部オーストラリアのアーネムランドのジャウアン族の神話によれば、創造のときの最初の存在はエインガナ、つまりわれわれの母だった。エインガナが万物を作ったのであり、水も岩も林も原住民も、鳥も大コウモリもカンガルーも、エミュー鳥をも作った。最初には、エインガナは万物を彼女の体内にもっていた。このエインガナは蛇だった。彼女は原住民や万物を体内にいれたまま大きい音を立てていた。

――バライヤという名の老人が長い旅行をしていた。彼は石槍でエインガナ蛇の下側、肛門の近くを突き刺した。すると、槍創《やりきず》からすべての血が流れだし、血のあとから原住民たちがみんな出てきた。カンダグンというディンゴ犬がこれらの原住民を追いかけた。またそしてカンダグンは彼らを追いかけて、彼らをさまざまの部族や言語に分離した。カンダグンが原住民を追いかけたとき、あるものは鳥として飛び去り、あるものはカンガルーとしてのがれ去り、あるものはエミュー鳥として走り去り、あるものは大コウモリやヤマアラシや蛇になった。

だれもエインガナを見ることはできない。彼女は水のなかにとどまっている。彼女はそこに穴をもっている。雨季に、洪水が生ずると、エインガナは洪水のなかから立ちあがる。エインガナは国土を見る。彼女はわれわれに属するあらゆる鳥、蛇、動物、子供たちを彼女のなかから出現させる。もしもエインガナが死ねば、万物は死ぬであろう。カンガルーも、鳥も、原住民も、なにもなくなってしまうだろう。水もなくなるし、万物が死ぬであろう。

こういうアニマリズムは、儀礼においても、はっきり現われている。アイヌの熊祭もその一例だ。熊祭はアイヌが行なっているばかりでなく、西は北ヨーロッパからシベリアをこえて、東は北米の北部にいたるまで広く分布している。熊祭には二種類あってアイヌの本格的な熊祭のように、山で生け捕りにした仔熊を育ててから儀礼的に殺す形式は、アイヌやギリヤークと、その付近の二、三の種族にかぎられていて、他はみな、山で熊狩りをするときに熊を殺す形式であって、この後の形式のほうが、古い形と考えられる。

このような形式の相違はあっても、この広大な地域における熊祭の儀礼の細部や、背後にあるものの考えかたは驚くほど一致している。アイヌは、熊は別の世界においては人間の形をして生活しており、そして、熊の形をしてこの世に遊びにくると考える。だから人間は、熊を殺すという神聖な行為によって、熊の肉体から霊魂を解放し、熊の国でまたあらたな熊に生まれかわるように送り帰してやる。熊の肉や毛皮は、熊が人間に与える贈物であり、かつ殺してもらうことにたいするお礼でもある。殺された熊の骨、ことに頭蓋骨は、棒に高くかかげられる。これも熊の霊魂を送り返し、かつ再生せしめるために必要な行為なのである。

このように、殺した熊の霊魂を熊の国に送り返すという観念は、アイヌばかりでなく、ラップ族、フィン族、ツングース族、ギリヤーク族などに分布しており、熊の頭蓋骨を高くかかげたり、あるいは熊の骨を保存することになると、熊祭を催すほとんどすべての民族に分布しているといってよい。そればかりでなく、骨からの再生という観念と、それにもとづく猟獣の骨の保存の習俗は、世界中の狩猟民に広がっているものだ。

このような狩猟民のアニマリズム的な世界像が、一定の個人あるいは人間の集団と、一定の種類の動物あるいはその他のものとのあいだの、神秘的関係の社会的表現であるトーテミズムの基礎にあることは、今日ではもはや疑うことはできない。だから、このアニマリズムのことをバウマンは、プロト・トーテミズムと名づけたのである。そして本格的なトーテミズムが栄えたのは、いわゆる高級狩猟民文化や、まだ多分に狩猟民文化的な残映をもつ未開農耕民文化においてであった。

また、かならずしもトーテミズムの形式をとらなくても、アニマリズム的世界像が未開農耕民のあいだに色濃く残っている場合もすくなくない。たとえば、ブラジルの熱帯森林の農耕民であるワウラ族のところで宮崎信江氏が記録した神話はこう語っている。

——一匹のコウモリが夜散歩していた。そしてジャトバという木を妻としてクァムチという子が生まれた。クァムチは大きくなり、白蟻を妻としてヤプニセルという女の子を生んだ。クァムチは森のなかでエツマリという虎に出あい、殺されそうになった。クァムチは娘を妻として与えるから殺さないでくれと虎に頼んだ。虎はクァムチの娘と結婚したいと答えた。ところがクァムチの娘は虎と結婚することを承知しなかった。クァムチは森にいって木と交わったところ、木はフシミスという女になった。このフシミスは虎のエツマリと結婚したが、虎の母はフシミスを殺した。殺された女の胎内からケシュとカムという双生児が生まれた。ケシュは月、カムは太陽だった。ケシュとカムが矢を射ると、その矢がそれぞれチュカラマイ族、メヒナク族、白人、トルマイ族、カラパロ族、バカイリ族、ワウラ族になった。しかしスヤ族だけはそうでなかった。スヤ族は蛇から生まれたからである。

農耕民と死すべき人間

農耕の発明は、人類の文化史上決定的な大事件であった。たんに技術や経済形態のうえでの変化ばかりでなく、それに伴って社会も世界像も変貌し、発展していった。いままで人間の大きな関心をあつめていた動物に代わって、植物や人間自身が農耕民の世界像において立役者となったのである。花咲き、実を結び、やがては枯れてゆく植物が象徴する、生と死のシンボリズムが発達した。

生と死はからみあっているばかりでなく、死が生の前提ですらあったのだ。だから未開農耕民の世界像において、大きな役割を演ずるようになった人間自身も、じつは多くの場合において、死者や祖先、あるいはこの世のはじめの神的な人間であった。この意味で、フロベニウスが、未開農耕民の世界像をマニズム（死者・祖先崇拝）と名づけたのも、もっともなことであった。

中国の雲南省からビルマにかけての山地に、ワ族という陸稲の焼畑耕作によって生活している民族がいる。首狩りで有名な民族だ。ワ族の神話によると、彼らの最古の先祖、ヤ・トームとヤ・タイという夫婦は最初オタマジャクシであったが、のちに蛙になり、さらに怪物となって洞窟に居をかまえた。この洞窟からほうぼうに食物を求めて出てゆき、鹿、猪、山羊のような動物を捕っていたが、ある日、二人は遠出して人の住む里にやってきて、一人を捕えて食べ、その頭蓋骨を洞窟にもち帰った。

ところが、それまで二人には子供がなかったのに、人間を殺してから子供がたくさんでき、しかもそれは人間の形をした子供たちであった。ヤ・トームとヤ・タイはその頭蓋骨を柱の上においてあつく崇敬した。二人は死期が迫ったのを悟ったとき、子孫を呼びあつめて、彼らの起源を説き、首を二人に供えるように遺言した。そのためワ族は、この原祖の遺言に忠実に、ごく最近までさかんに首狩りを行なってきたのである。

首狩りの季節は三月から四月の、農耕の始まる時期だ。もたらされた首が作物の豊穣を約束するのである。首はまず部落の聖所たる太鼓小屋に持ちこまれる。そこでは、多くの場合材木で作られた太鼓が大小一対横たわっている。これはおそらく原祖夫婦の体現であろう。

このワ族の首狩りは、死、ことに殺害が生の前提であり、作物の豊穣のために不可欠なことと、また死者、ことに原祖がいかに彼らの世界像において重要な役割を果たし、かつ彼らの行動を規定しているかを雄弁に証言している。

ところで、首狩りは、西アフリカから東南アジア、メラネシアにかけて、さらに新大陸の諸地方におよぶ広い地域における未開農耕民のあいだで、大なり小なり類似したものの見かたを背景として行なわれていたものであった。頭蓋骨の保存の習俗や首狩りが、まさに狩猟の一種にほかならないことは、首狩りのなかにも古い狩猟民文化的要素が生きのびていることを示しているが、首狩りという習俗全体の意味は、もはや狩猟民的世界像ではなく、農耕民的な世界像、生と死の壮大なシンボリズムに属しているのである。

ハイヌヴェレとプロメテウス

このような農耕民の世界像をあらわすものとして、ことに有名なのは、東部インドネシアのセラム島西部に住む、ヴェマーレ族のハイヌヴェレ神話である。第二次大戦直前におけるドイツのフロベニウス研究所の調査において、イェンゼンがこの神話を採集し、のちに世界の他の地域の神話や儀礼との比較研究を行なって、その人類文化史上の重要性を強調するにおよんで、ハイヌヴェレ神話は学界に広く知られるようになったのである。

——神話的な原古に、アメタという名の男が狩りに出かけた。そして一匹の猪に出くわした。逃げようとして猪は池のなかに入って溺れてしまった。その牙にアメタはココ椰子《やし》を見つけた。その夜彼は夢のなかでココ椰子を見、それを植えるように一人の男に命令された。彼は翌日そのとおりにした。三日たってココ椰子が生え、三日後には花が咲いた。アメタは花を切りとって飲物を作るためにこの木に登った。しかし彼は指を切り、血が花の上にしたたった。九日ののち、彼は花の上に一人の女の子を発見した。アメタ

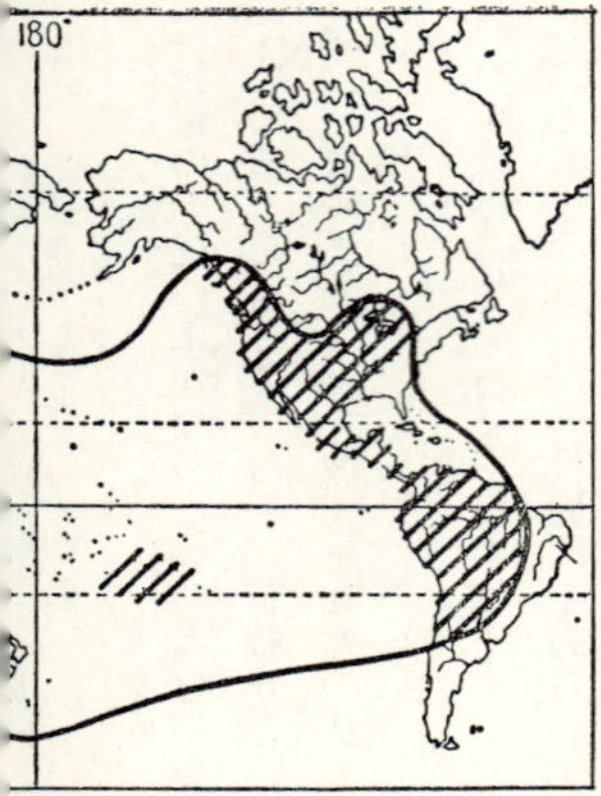

植物が発生したという筋で、日本のオオゲ
いわれている。（フロベニウス原図）

は彼女をつれ帰って、ココ椰子の葉にくるんだ。三日にして少女は年ごろの娘になり、彼はハイヌヴェレ（ココ椰子の枝）という名を彼女につけた。

このハイヌヴェレという、なかば神的な少女が祭りの夜、踊りの最中に、地面に掘られた穴のなかに落されて死んだ。彼女の父がその死体を掘りだして、それを切断し、あらためて身体の各部分を別々に埋めたところ、まもなくその各部分は、それまで地上に存在しなかったもの、ことにさまざまなイモ類に変化した。

――彼女の胃は大きな鉢になり、肺はウビイモ、紫色の特種なイモになり、乳房は女の乳房の形をしたイモになり、目は目の形をしたイモの芽になり、恥部は紫色をしてよく匂うイモになり、尻は外皮のよく乾燥したイモとなった。そしてこれらのイモがそれ以来人間のおもな食物となったのである。

アメタは、ハイヌヴェレの腕を、もう一人のデマ女神、サテネのところに持っていった。サテネは踊り場に九重の螺旋《らせん》を描き、そのなかに彼女自身をおいた。ハイヌヴェレの腕から彼女は戸をつくり、踊り手たちを呼んでいっ

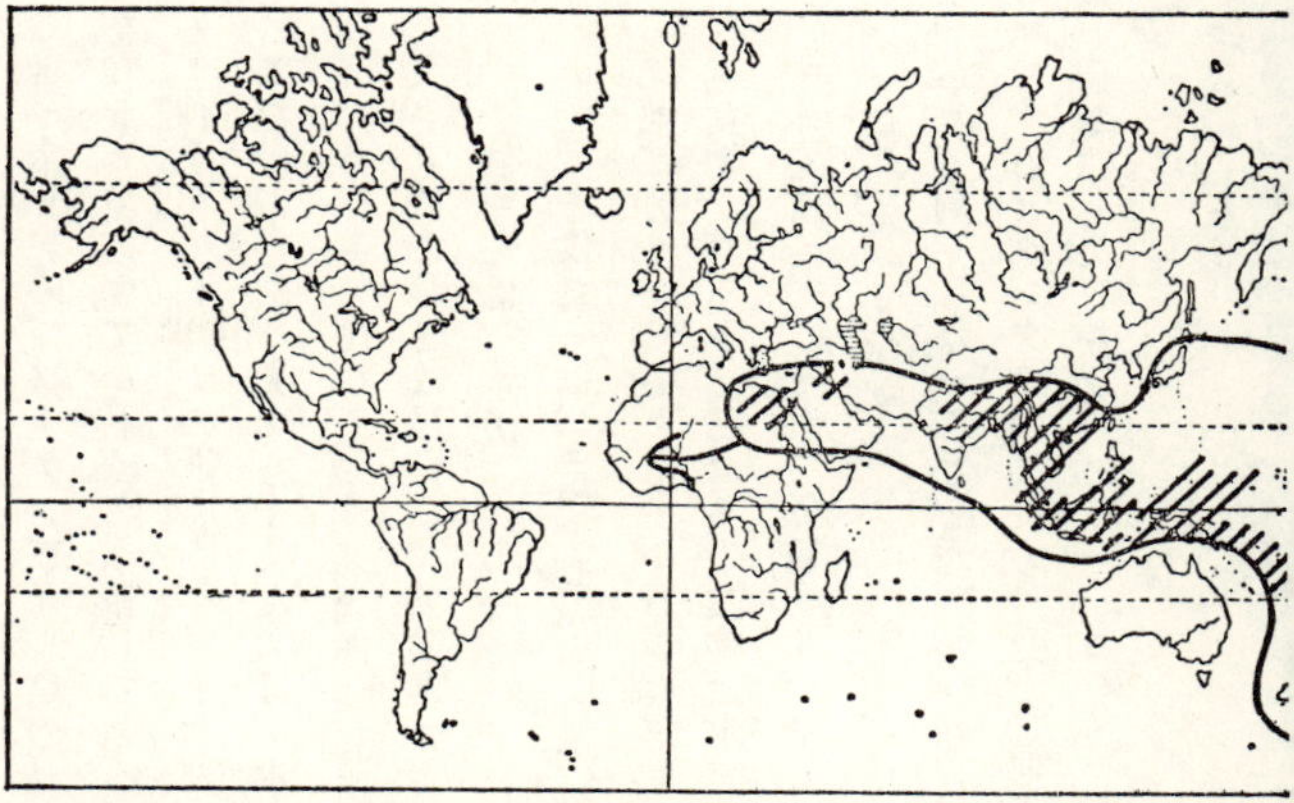

からだから生えた有用植物　原古のデマ神の各部分から、いろいろな種類の最初の有用
ツヒメ神話もその一例である。この形式の神話は、古い農耕民文化の流れとともに広がったと

た。

「お前たちが人殺しをしたので、私はもうここでは生活しない。今日私は立ちさってゆく。お前たちはこの戸を通って私のところに来なくてはならない」

そしてこの戸を通ることのできたものたちは人間のままであったが、そうでないものは、豚や鳥や魚や精霊となった。サテネは、彼女が立ち去ったのちには、人びとは死んでから初めて彼女にあうであろうことと、彼女は地上から姿を消すこととを宣言した。

しかし、栽培植物が死体から生えたのでなく、生きているとき、排泄や嘔吐のような生理的作用によって発生した神話もある。

メラネシアの、ブーゲンヴィル島のパプア系住民ブイン族のタロ芋とヤム芋の起源神話を、トゥルンヴァルトはこう報じている。

――むかしモトゥナの近くのグイトゥバラウには食物がなかった。人びとは水を飲んで寝るだけだった。男たちや女たちは、水を入れるために竹筒をもって出かけた。子供たちだけが居残っていた。するとそこにタンタヌがやってきて子供たちに、「お前たちのお父さんやお母さんはどこにいる?」と尋ねた。

子供たちは「水汲みにいった」と答えた。タンタヌは、「なんのために水を?」ときいた。子供たちは、「私たちが飲むために」と答えた。「それじゃお前たちはなにも食べるものがないのか」とタンタヌはきいた。

「食物だって? 私たちの食物は水です。私たちは水を飲んで寝るのです。私たちは火で水を沸かし、それを飲みます。それで全部です」と子供たちは答えた。するとタンタヌは、「壺をもってこい」といった。子供たちは最初はもってきたくなかった。壺を割られて罰せられることを恐れたからだ。

するとタンタヌはまたいった。「壺をもってこい。私はお前たちに食物をやるから」。そこで一人の男の子が壺を一つもってきて、二人の男の子がそのなかに水を一杯入れた。

タンタヌはそこにいって、腰かけて壺の中に排泄した。するとそれからタロ芋とヤム芋ができた。それは仕事小屋でおこった出来事である。それからタンタヌは少年たちを寝小屋にいかせていった。

「さあ、あらゆる籠をつくり、糞の芋をなかに入れろ」。それから彼はいった。

「森を開墾して、糞を地中に挿《さ》しこめ」

彼らが糞を地中に挿しこんだところ、じきにタロ芋とヤム芋が生えてきた。それからタンタヌはいった。

「芋をとりだして煮て火で焼け。しかし、いくつかの芋はそのままにしておいて、籠にもどし、また地中に挿せるようにとっておけ」

そこで彼らが芋をとりだして焼いたところ、それはおいしかった。それ以来、彼らは食事として水を飲むだけではなく、タロ芋とヤム芋を食べるようになり、〔また芋をつくるためには〕芋をただ地中に挿しさえすればよいのである。

このような、人間の死体や生きているときの体内から栽培植物が生まれるという神話は、イエンゼンが明らかにしたように、インドネシア、メラネシア、アメリカ、それに痕跡状態ではアフリカというぐあいに、主として世界の熱帯地方に広く分布しており、彼はこれをイモ類や果樹の栽培民文化に特徴的であると考えた。イモの起源神話ではなく、穀物、ことに粟類の起源神話の形をとっている日本のスサノオのオオゲツヒメ殺しやツクヨミのウケモチノカミ殺しの神話も、この形式であることはいうまでもない。そこでは神が生きている時は、嘔吐によって食物を生み出し、殺されてからその死体に作物が発生したと伝えている。

ところで、この文化層における大きい特徴は、イェンゼンによれば、独特の神観念である。原古の時代、正確には原古の時代の終りに生き、その死によって原古は終りを告げ、現在の人間生活の秩序が設定される。これを彼はマリンド・アニム族のことばを借りて、〈デマ神〉と呼んだ。デマ神の体内から、栽培植物ばかりでなく、人間にとって有用なその他のもの、たとえば火も生まれた。デマ神が死んだのが、死の起源であった。

デマ神の死は、しばしば殺害という形で行なわれた。この最初の殺害の儀礼的なくりかえしが、栽培民のあいだに広く分布している家畜の〈供犠〉であり、また首狩りや食人の習俗を生んだ。デマ神の活躍の舞台はほとんど地上にかぎられている。そしてこの大地や宇宙はすでに与えられたものとしてうけとられ、宇宙起源神話や、創造神の観念は特徴的に欠けている。

ところで、作物の起源神話としては、ハイヌヴェレ型の神話とは異なった筋をもち、しかも異なった文化的、精神的な環境に属しているものがある。プロメテウス型神話がそれだ。

アフリカの西スーダンのドゴン族が、特異な神話と複雑な世界像をもつことは、フランスの民族学者グリオール（M. Griaule 一八九八—一九五六年）の調査によって広く知られている。そのなかに、こういう神話がある。

——ドゴン族の個々の家族のもとになっているさまざまな先祖のなかに、もっとも重要なものの一人として鍛冶屋《かじや》がいる。人間に火をもたらし、農耕や鍛冶やその他の手工業を教えたのが、この鍛冶屋である。太陽の一かけらである火は、天神の意志にさからって、天の鍛冶屋のところから盗まれてきた。彼は火を鞴《ふいご》のなかにかくして地上に逃げてきて、人間のところにもたらした。

〈神の息子たち〉が二人、怒りたけって大きな雷鳴とともに稲妻を彼の背後に投じたが、彼のところまではとどかなかった。

この多幸な火盗みは、ドゴン族によって毎年、収穫のあとで儀式を催して祝われ、そして祭儀的な表現としてくりかえされる。つまり、鍛冶屋をあらわす松明を持った者が、松明をふりまわしながら、崖をかけおり、そして仮面をかぶった二人が、二人の稲妻の役を演じて、抜き放った小刀をもって彼を追いかけるのである。

イエンゼンがいったように、これからギリシャのプロメテウスの神話を想いださないものがあろうか？　プロメテウスも、ゼウスの意志に反して彼から火を盗み、人間のところにもたらしたが、そのために雷神の怒りを一身に負うことになったのである。それどころか、異伝の一つによれば、プロメテウスは火をオリンポスのゼウスのところから盗み、第二の異伝によると、太陽で松明に火をつけたといい、また第三の異伝では火をへファイストスの鍛冶の仕事場から盗んだという。しかも、ギリシャ人はプロメテウスをお祭りのとき松明をもって走って崇拝したのである。イェンゼンが論じたように、ドゴン族と古代ギリシャの神話と儀礼とのあいだにおける大幅な類似は、両者が共通の源泉から発していることを示すものであろう。

ところで、ドゴン族のこの神話上の鍛冶屋は、火ばかりでなく、同時に穀物も槌のなかにかくして人類にもたらしたのである。このような穀物盗みの神話は、アフリカにも、東南アジアにも、また南米にも穀物の起源神話として広く分布しており、日本でも稲荷《いなり》が天竺《じく》から稲を盗んできた話や、弘法大師が唐から麦を盗んできた話が伝えられている。典型的な穀物起源神話である。

この形式の神話では、イェンゼンが論じたように、天神の意志にさからい、あるいは天神をペテンにかけて天から穀物を盗みだし、髪や、ペニスや歯のなかにかくして人間にもたらしたのが普通であって、その舞台や、神観念は、前のハイヌヴェレ型神話の場合と相達している。そればかりでなく、この二つの作物起源神話が世界像あるいは文化全体のなかでもつ重要性がちがっている。つまりハイヌヴェレ型神話の場合は、その文化内部において中心的な重要性をもっており、死者儀礼、家畜供犠、成年式、人身供犠、首狩り、食人俗《しょくじんぞく》（人肉を食う習俗）など、古層栽培民文化に特徴的な一連の習俗が、この神話によって意味をうけとっているのである。

イェンゼンがいったように、全文化がこの神話的観念によって刻印を押されているのだ。これに反して、穀物盗みの神話には、このような包括的な重要性はない。全体として一つの世界像をなしている神話の体系にかつてそれが属していたとしても、そのような重要性は今はもう消えうせている。イェンゼンによれば、ここではおそらく〈神話的思考〉ばかりでなく、すでに他の精神的な諸能力が、現実の認識と解釈に参与しているからなのである。

ところで、この穀物起源神話において、天神の意志にさからい、あるいは天神を欺いて穀物を盗んだという点は、すこぶる重要である。ここには神に反逆する人間の姿が見られる。同様な点は、神話の種類の章でも触れた天地分離神話にも見られる。そこでは天父地母に子供が反逆して二人をひき離してしまう。しかもこの天地分離神話も、その世界的な広い分布状態から見て、プロメテウス型神話と同様に、穀物栽培民文化に基礎をもつと考

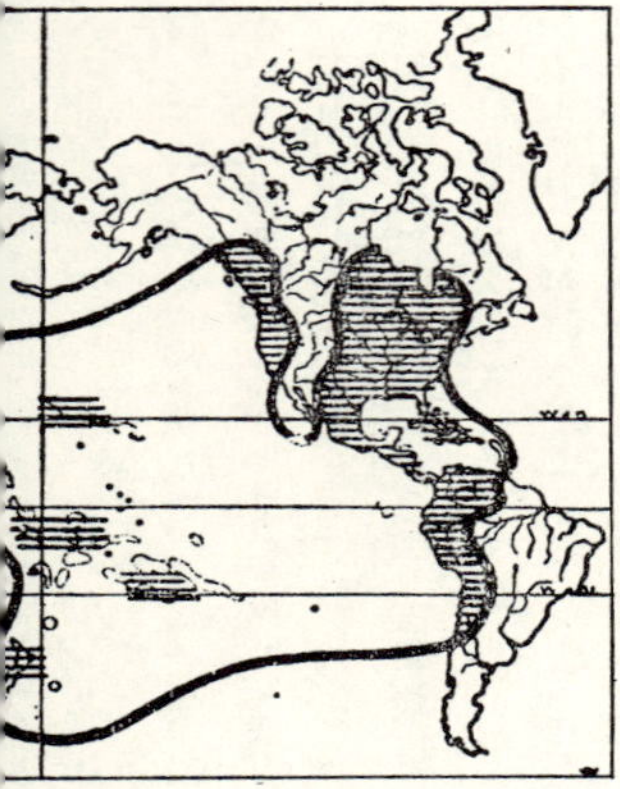

ている。（フロベニウス原図）

えられるのである。

ところで、天父地母の観念は、すでに高文化的な世界像、あるいはその前段階に属する。ここでわれわれは、穀物栽培民文化から生まれでた高文化に進んでゆくことにしよう。

高文化と宇宙論的世界像

農耕や家畜の飼育が始まってのちに、人類の文化の歴史はまた別の新しい段階に到達した。高文化の段階である。紀元前三〇〇〇年ころに始まるメソポタミアの古代文明を皮切りに、世界各地に高文化の波は広がり、いくつもの中心が形成されていった。すべての文化と同様に、あらゆる古代文明も個性をもっている。しかし、他方では、高文化的な世界像として、さまざまな高文化に共通な特性もある。それはいちじるしく宇宙論的《コスモロギッシュ》なことである。別のことばでいえば、マクロコスモス（大宇宙）とミクロコスモス（小宇宙）の対応が特色なのだ。宇宙、ことに天体の運行が人間の行動とものの見かたを大きく規制するようになった。

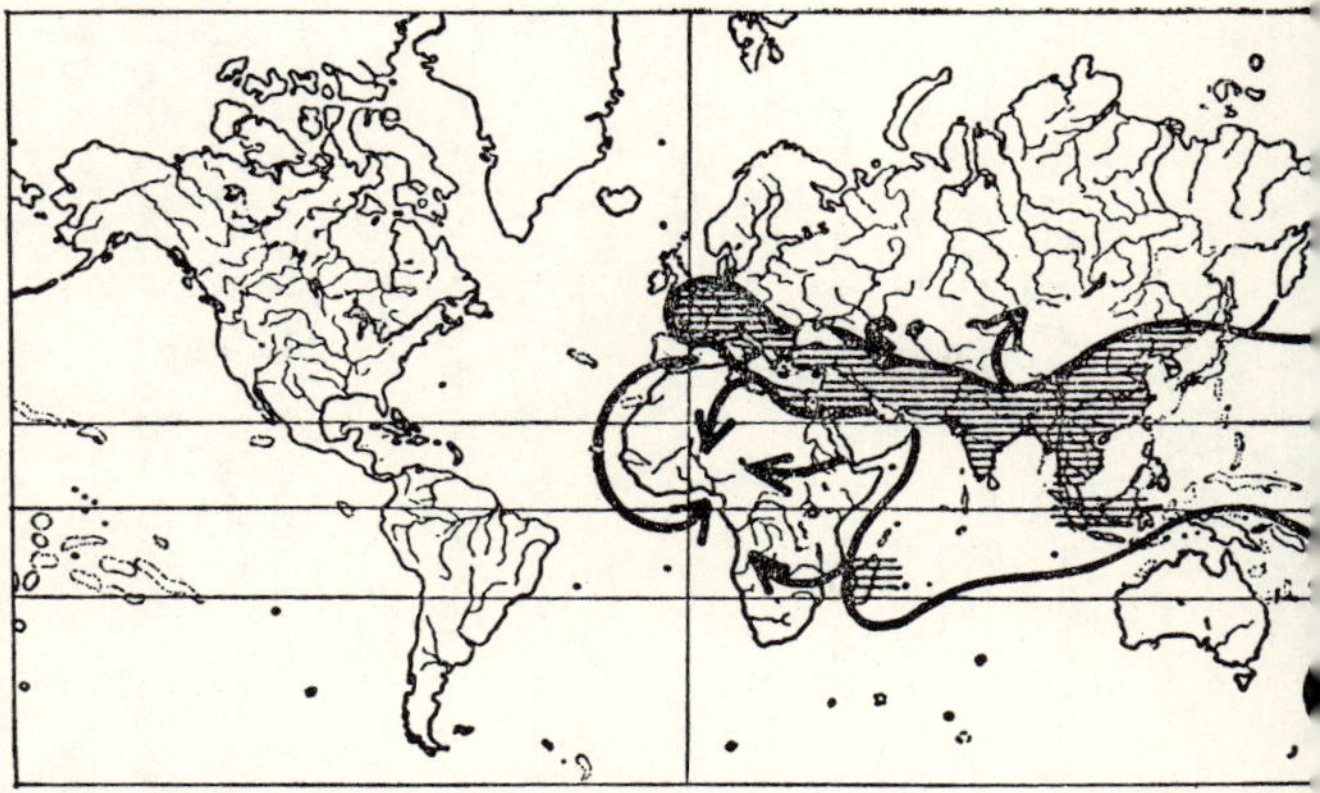

世界の四分観　空間が四分され、王国は四つの地方から成るという観念は高文化地帯に広がっ

アフリカのローデシアのジンバブエ文化の王制もその一例である。伝承によれば、昔は、王はいつでも城に住んでいたわけではなかった。月が欠けてくると王は城に赴き、消えた月がまた新月として天に輝きはじめるとともに谷に出てきたのであった。王は月という天体の運行にしたがって行動せねばならず、これを犯せば国土に禍《わざわ》いを及ぼしたのであった。だから天体を観測する司祭ムクアブパッシには異常に大きな権力と責任が付与されていた。四年ごとにムクアブパッシは星を見て、王は死なねばならぬと判断を下す。司祭は四人のマコジ（四つの大きな地方の長官）を呼び、王の死すべきときは到来したと告げる。彼らはそこで任務の遂行を指令する――。

このように奇怪な神聖な弑逆《しいぎゃく》は、アフリカに広く分布しているばかりでなく、南インド、東南アジアからハワイにいたる広い地域に、かつて存在し、あるいは痕跡をのこしていた高文化的習俗であった。しかもその背景となっている、王が大宇宙の地上における体現たる小宇宙であるという考えは、王の不徳によって旱魃《かんばつ》その他の自然的災害が国土を苦しめるという、世界の高文化地帯に広く見られる観念にも表現されている。

王と天体との密接な結びつきは、すでに天体神話論者たちが古代オリエントの例について論じたところであるが、太陽の女神アマテラスの子孫としての日本の支配者の伝承において、われわれにも身近なものである。隋書『倭国伝《わこくでん》』は、倭の使者が高祖にこういったと報じている。

「倭王は天をもって兄となし、日をもって弟となす。天いまだ明けざるとき、いでて政を聴きあぐらして坐し、日いづればすなわち理務《りむ》を停め、言うわが弟に委ねんと」世界は四方から成り、王国・王都・王宮は宇宙の縮図である。王は宇宙の運行原理の地上における体現者である。インカその他の世界の高文化地帯に広く見られる、王国の四つの地方を治める四大臣の制度や、アンコール・トムなどの王宮の構図などもこのような宇宙論的な世界像の表現としてはじめて理解できるものなのである。

Ⅷ　神話・儀礼・社会

神話を語る機会

この本のはじめに、私は、タイ国山地の少数民族のところでは、いつも夜になって神話や伝説を語るのを聞いたということを述べた。アブハズ族やその他のコーカサスの住民や、若干の他のイラン系遊牧民のところでも、同様に昼間神話を物語ることは禁じられており、同じようなタブーはヨーロッパにも広く分布している。

しかし、単に夜だけが物語りの時間というのではなく、もっと限られているところがある。アルタイ地方のトルコ族やブリヤート族は、狩猟説話を夕方、しかも狩猟期にのみ語り、これによって森の精霊が呼びよせられ、語られた説話へのお礼として彼らを野獣狩り

バビロニアのシャマシュ神

へと駆り立ててくれる、としているのである。シベリアのツングースカ河流域のイェニセイ族のところでは、夏に説話を語るものは、シャマンによって一本の氷釣りの釣針で下顎を〈釣られ〉てしまうと伝えられている。これはおそらく、冬にこの説話を物語ることは、氷釣りを助けることを示しているのであろう。

神話が特定の時にのみ語られることは、じつは深い意味をもっている。北米のポーニー族やウィチタ族では、起源の物語（シャマン集団の起源伝承も含む）は、一定の祭儀が行なわれるとき、一つの儀礼と他の儀礼のあいだのときに吟誦される。そのとき〈偽りの話〉を物語ってはならないのである。

インドネシアのスンバ島では、共同体全体に関係のあるさまざまな重要な機会に、大昔の出来事を詳しく述べるといわれる物語り、つまり神話的な先祖たちの物語りを吟誦するのが常である。このように、神話を語る重要な機会としては、たとえば、集会所〈神話的先祖の家〉の建築物がある。作物が豊富に集まったり、社会の重要なメンバーが死んだときのような、社会的、宗教的目的のためにこの家は用いられる。そしてこのような場合には、語り手はうやうやしく、〈諸起源〉、つまりもっとも貴重な宝物として保存されるべき、文化そのものの諸原理の起源について言及する。

この儀式について注目すべき事実は、吟誦が二人の人間の問答のやりとりの形で行なわれることである。しかも、語り手の彼らは相互に、外婚的な婚姻関係をもった群から選ばれる。

オランダの学者ベルトリンク（C. Tj. Bertling）が指摘しているように、これらの重要な機会におけるこの二人の語り手は、死者を含めて全集団を代表しており、したがって、宇宙起源神話とみるべき部族神話の吟誦は、全体としてのその集団に利益を与えるであろう。神話を物語ることが、儀礼の本質的な要素となっている実例は数多い。東部インドネシアのチモール島の稲作儀礼にあたっては、内容が神話になっている歌がうたわれ、ついで、この神話が現実の出来事に応用される。つまり、人びとは先祖に語りかけるのである。

「ムバレ・ロロ、おおムバレよ、おおロロよ、汝らは子供たちとしてやってきて、歌を教え、畑を通りぬけ、土地に触れ、たくさんの収穫があるかどうか調べる」

ところで、神話を語る機会のなかでも、ことに重要なのは、宇宙起源神話を語る機会である。インドのサンタル族では、グル（司祭）は各個人のために宇宙創造神話を語るが、それはただ二つの機会においてのみである。第一回は、サンタル族の一人が、一人まえの社会的権利を与えられるときだ。このとき、グルは世界の創造から始まって、この儀礼の対象となっている個人の誕生にいたるまでの人類の歴史を吟誦する。同じ儀式は、葬儀のときにも行なわれる。しかし今度は、グルは死者の霊魂を儀礼的に他界に送りだすのである。
古代アッカドの虫歯治療のときに吟誦された宇宙起源神話は有名だ。
アヌが天を創造したのち
天が大地を創造したのち
大地が川を創造したのち
川が運河を創造したのち
運河が沼地を創造したのち
沼地が虫を創造したのち——
虫は泣きながらシャマシュ神の前にやってきた
彼の涙はエアのまえで流れた
「貴方は私にどんな食べ物を下さいます？
貴方は私にどんな飲み物を下さいます？」
「私はお前に熟したイチジクをやろう
アンズをやろう」
「熟したイチジクやアンズは
私にとってなんでしょう？

どうか私を上にあげて
歯と歯ぐきのあいだに住まわせてください
私は歯の血を吸いましょう
そして歯ぐきの根もとを食べてしまいましょう」
「お前がこうしゃべったので、おお虫よ、
エアが彼の強力な手で
お前をこわしてくださいますように」

この神話には、歯医者たる吟誦者に、つぎのような指示がつけ加えられている。「針を入れて、（歯痛を起こす虫の）足をつかめ」——おそらく病んだ神経をひっぱれということである——そして〈二級のビール〉と油を混ぜて付属の儀礼を行なえとある。

エリアーデが論じたように、ここでは(1)世界の創造、(2)虫と病気の起源、(3)原古のかつ亀鑑《きかん》となる治療法（エアによる虫の破壊）がある。この呪文の治療的効果は、呪文が儀礼的に吟誦される場合、それは〈起源〉の神話的な時をふたたび演ずること、つまり世界の起源ばかりでなく、歯痛とその療法の起源をふたたび演ずることに存しているのである。すべての〈創造〉に対する手本と同様に、この虫歯の場合も宇宙起源神話は、病人が彼の生命の〈新しい起源〉をなすのを助けることができるのである。

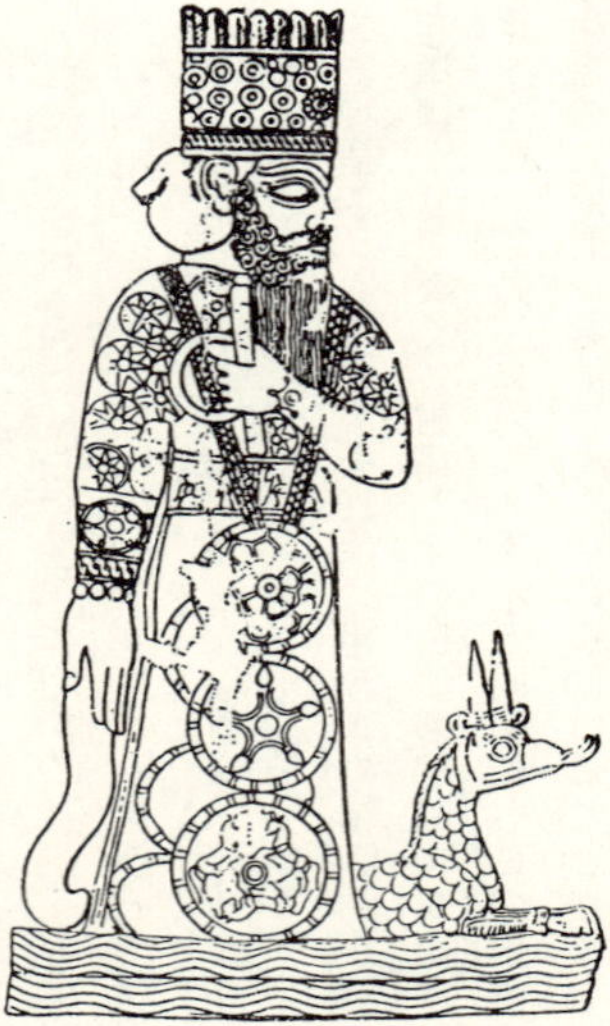

バビロニアのマルドゥク神

さて、このような医術的な儀礼は起源に立ちかえることを目的としている。エリアーデによれば、初期の社会においては、生命は治すことはできず、それは源泉にもどることによって再創造できるだけであるという印象をうける。そして〈源泉の源泉〉とは、世界の創造にあたって生じた、エネルギー、生命、そして豊穣の巨大なほとばしりなのである。

さきほどわれわれが見たように、サンタル族では、宇宙起源神話が、人が一人まえになるときと、葬式のときに吟誦される。これも不思議ではない。人が一人まえになるときは、いままでの子供としての不完全な存在はいったん死に、一人まえの完全な存在として生まれかわってくる。また、人が死ぬことは、この世の住民としてはいったん死に、霊魂の国の住民として生まれかわることである。いずれも再創造の機会である。このとき、創造行為の手本である原古の宇宙創造の神話が唱えられることは、深い意味があるのだ。

このような再創造の重要な機会としては、〝あらたまの年立ちかえる新年〟がある。古代バビロニアにおいては、春にはじまる一年の最初の月であるニサンの月に、アキトゥの祭りが祝われた。この祭りは数日間つづいた。最初に各地方の神々の像が首都に到着し、マルドゥク神に敬意を表するためにエサギル神殿におもむく。ついで行列がはじまる。王によって招待されたマルドゥク神は、彼の戦車の上に立っている。

彼は〈行列の道〉にやってくる。ついで行列は女神イシュタルの門を通りすぎ、河岸で停止し、マルドゥク神は彼の聖なる舟に乗る。舟は川をややさかのぼり、行列はまた野を横ぎって新年の神殿に到着する。ここでマルドゥク神と原古の怪物ティアマトとの戦いを追憶するエヌマ・エリシュという創造神話の詩が荘厳に吟誦され、または劇として演じられる。

ふたたびマルドゥク神は仲間の神々によって賛美される。バビロンに帰りついてから、神と女神とは聖なる婚姻のために〈婚姻の間《ま》〉に導きいれられる。この聖なる婚姻によってバビロニアじゅうが豊かにされ、またすべてのものを産みだすようになるのだ。おそらくここでは大祭司である王と女祭司とが、神像に代わってこの儀式を行なったのであろう。その年のバビロンの運命を定めてのちに、神々は自分の地方の神殿へと帰ってゆく。

高文化諸民族のもとにおいて、新年が重要な祭日として祝われているのは、古い年が死に、新しい年が生まれることによって、宇宙の秩序が再創造されるからにほかならない。そして、『日本書紀』に、辛酉の年春正月、庚辰の朔日、神武天皇が橿原宮《かしはらのみや》で即位したと伝え、また、その他多くの天皇も正月に即位したことになっているのも、正月が宇宙の新しい秩序の設定される機会であり、即位にふさわしい時であるからにほかならない。王の即位は、フィジー島では〈世界の創造、国土の形成〉〈大地の創造〉と呼ばれているように、多くの民族のあいだで、宇宙起源と密接な関連をもつと考えられているのである。

ここで神話の吟誦に立ちもどろう。

イェンゼンが論じたように、神話を語ることを、表面的な類似からわれわれの昔話を語ることと比較しようとするのは誤りであろう。むしろそれは重要なキリスト教の祭りにおいて、聖書を読みあげるのと比較することができる。つまり、聖書の朗読によって、その祭りを基礎づけた諸過程が信仰深い共同体のなかに呼びおこされるからだ。

南米のウィトト族のところでは、部族共同体は、彼らの生活のもっとも重要であり、本質的な内容を祝う祭りにあたっては、彼らにとってもっとも重要と思われる問題への満足のゆく、そして真実の解答が神話であると感ずるのである。原古の出来事のもつ祭式的な性格が、その際決定的に重要である。つまり、祭りにおいて体験されるものの内容は、ふだんの日に体験されるものとは異なっているからだ。神話的な真実とは、祭りの雰囲気においてのみ明らかにされるような種類のものなのである。

神話と儀礼

神話によって語られる原古の出来事が儀礼によって劇的に表現される。世界像の諸類型の章でみたドゴン族の火盗み神話と儀礼は、そのよい例である。しかしその場合、儀礼は神話の内容をいつも忠実にそのままあらわすとはかぎらない。たとえば、ガジュ・ダヤク族のティワー祭のような、大祭の頂点をなしているのは、創造神話の演劇の形における演出である。しかしドイツの民族学者シュテーア（W. Stöhr）が指摘したように、それはキリストの受難劇とちがって、語られた神話をよく稽古して劇化するのではけっしてない。創造神話は、符牒やスポットライトや暗示という形で顕現する。それは一見関連がないようであるが、神話の伝授をうけた者にとっては、まったく明白であり、おなじみなのである。

こうしてみると、神話と儀礼とのあいだの密接な関係というものは、きわめて微妙なものであって、いつも一見ただちに明らかというわけではけっしてない。

事実、アメリカの民族学者、クラックホーン（C. Kluckhohn 一九〇五―六〇年）は、つぎのように論じている。

神話と儀礼は密接な関係があり、どちらが原因、どちらが結果ともいちがいにはいえない。つまり、ともに共通の心理学的基礎をもち、個人、家族、部族の内外における緊張と摩擦とを解決するものなのである。また、神話と儀礼はごく親密に結びつき、たがいに影響を与えあう傾向がある。その理由のうちで、ことに重要なのは、つぎの事実である。つまり神話と儀礼は、社会の最終的な価値態度の公式化された言明を与えることによって、社会の連帯性をうながし、社会の統合性を増し、また文化の多くの部分を、その内容をたいして失うことなしに伝達する手段を供し、——かくて文化の連続性を保護し、社会を安定させる。この点において神話と儀礼は社会の見地からすればともに適応という機能を営んでいる。

だが、ここで問題なのは、クラックホーン自身が認めたように、北米のナバホ・インディアンは、関連した儀礼を正当化するのに用いられないような神聖な物語をもっていることだ。

神話と儀礼とが、あまり結びついていない場合は、世界の他の地域でもけっして珍しくない。東北アフリカにおいて、その傾向はことに著しい。エヴァンズ＝プリチャード（E. Evans-Pritchard 一九〇二—七三年）が南スーダンのアザンデ族とヌエル族を調査したところによると、ヌエル族はたくさん神話をもってはいるが、すべてが儀礼と関連しているのではない。神話のうちのいくつかは、諸民族の神話的な関係を説明し、また儀礼的なシンボルや、それらにおいて民族の成員が守るべきことを説明しているのである。他方、アザンデ族は、すこししか神話をもっておらず、おまけに彼があげた神話は、儀礼とはなんら関連をもっていないのである。

インドの未開農耕諸部族においても、神話と儀礼の関係はさまざまである。フォン・フューラー＝ハイメンドルフ（C. von Fürer-Haimendorf 一九〇九―九五年）の研究によると、インド中部の新層焼畑耕作民のところでは、神話的な原古の出来事を儀礼として象徴的に表現することがさかんである。たとえば、ゴンド族の民族祭の儀礼の大部分は、部族の先祖の伝説中の事件をほのめかしており、この関係が祭りにその特別な神聖性を与えている。過去と現在はこのようにして一体となり、そして現在の人間に、彼らが祖先の道筋を辿っているという確信において、強さと自信とを与えている。ところが、文化的にはいろいろの点で類似しているアッサムの未開農耕民のところでは、これに比すべきものはなんら知られておらず、神話的な出来事の儀礼的表出は、中部インドのある種の宗教の特性とみなされるべきものである。

アザンデ族やアッサムの原住民のように、神話と儀礼との結びつきの乏しいところでは、神話を儀礼との関連において研究するといういきかたが困難なことはいうまでもない。

ここでおもしろいことは、神話と儀礼との密接な結びつきは、世界の高文化地帯でことにはっきり見られることだ。ワイジンガー（H. Weisinger）も、儀礼神話は西アジア・地中海地域にとって特に特徴的であると指摘したが、プロイスが神話と儀礼の密接なからみ合いを指摘したのも、じつは中米・南米の高文化とその影響圏の実地調査の経験がもとにあったのである。

バウマンも同様に、高文化と儀礼神話とのつながりを認め、こうまとめている。

「神話の呪術的・儀礼的使用にたいする証言が、初期高文化の周辺ほど多いところはほかにない。そこでは、真の祭司階級が、部分的にはすでに存在しているのである。それは古代エジプト、シュメール・バビロニアの神秘主義、古代インドの神秘主義であって、後者とは、ことによるとインドネシアの言霊《ことだま》の信仰が関連している。また、ポリネシアおよびポリネシア化されたメラネシア、古代アメリカ文明とその未開民族的な隣接地域もそうである。これらの地域はみな好例を提供している。奇妙なことは、たとえ呪術的に実修される神話はいたるところにあるとしても、この種の確実なものは、アフリカからはあまりたくさん記録されていないことである」

しかし、高文化地帯においても神話と儀礼や崇拝との関係は、けっして新旧の自然神話学派の考えた太陽神話があれば太陽的宗教、月の神話があれば太陰的宗教というような簡単なものでないことは、学説史の章でみたところである。

ところで、神話と儀礼のあいだに密接な間接な関係を認める場合、神話と儀礼との関係について、昔から問題となっているのは、神話が先か、儀礼が先かという問題である。いわゆる儀礼主義者たちが、儀礼からの神話の発生を一面的に強調したところはすでに述べた。しかし今日では、プロイス、イェンゼン、クラックホーンなどの学者の研究の結果、神話が儀礼化することの多いことが明らかにされている。

これは神話によって語られた原古の出来事を、儀礼が行為としてくりかえし再現するという、両者の基本的な関係から見て当然のことである。

毎年六月二十日に、鞍馬山で雌雄の蛇になぞらえた竹を切る行事がある。ところで、かつて肥後和男氏はこれと〈八岐大蛇《やまたのおろち》神話〉を結びつけ、「八岐大蛇退治の神話もまた単に過去の歴史的事件に関する伝承ではなく、これによって説明さるべき儀礼の存せしことを思うのである。そうした儀礼として私（肥後氏）は、竹切りやオンベエウチや山の神祭を挙げたく思う。それらは現在の形そのままでなくてもいい、現在それらのものとなって残るにいたるべき、もう一つ原始的形態における蛇退治の行事が行なわれ、それの説明として彼の神話が発達したものと見たい」と論じた。

しかし、〈八岐大蛇神話〉は、私が『日本神話の起源』でも論じたように、旧世界に広く分布しているペルセウスとアンドロメダのモチーフをもち、かつ日本の周囲の異伝とは、いろいろな細部において大きい類似を示している。このことは、むしろ、〈八岐大蛇神話〉は、神話として日本に入り、このような蛇退治神話の儀礼化として、竹切りその他の行事が行なわれているものと解釈すべきことを示している。

事実、竹切りについても、南都招提寺の鑑真僧正が雌雄の蛇を退治したことの儀礼的再現であると伝承されているのである。またキリスト教徒が解釈しているところでは、キリスト教のミサは、聖なる物語（神話）に基礎をおいた儀礼の好例であることは、クラックホーンも指摘したところだった。

イエンゼンが論じたように、神話の儀礼化は、ことに未開栽培民文化において顕著である。しかし、もちろんすべての儀礼が神話の儀礼化ではない。儀礼よりあとに神話の発生する場合ももちろんある。しかし、その場合は、真の神話よりもむしろ説明神話である傾向がある。一例をあげよう。

フィリピンのイフガオ族では、神話と儀礼のあいだの関係は密接である。バートン（R. F. Barton 一八八三―一九四七年）によれば、イフガオ族の考えにおいては、神話と昔話の区別はいつも明瞭である。神話は――すべての神話だとバートンは信じている――儀礼においても利用されているのだ。

神話はイフガオ族のほとんどすべての儀礼のなかに入りこんでおり、それはごく重要性のすくない儀礼のなかにまで入りこんでいる。そしてこれらの神話の多くは個別的な名称と特別の意味をもっている。また多くの祖先や千五百柱の神々のための、さまざまな儀礼を行なうためには、多数の司祭が必要である。これらの儀礼は神話と結びついている。神話を吟誦する司祭は蓆《むしろ》の上に坐り、それぞれの機会に必要な祭具を手にもっている。戦争や呪術的儀礼のときには戦闘用小刀、穀倉の儀礼には木製の穀倉偶像などが用いられる。

バートンは、一九三七年に四〇の神話が一六人の司祭によって同時に吟誦されるのを観察した。一つが終わるとすぐつぎが始まったのである。ところで、シュテーアによると、これら多数の儀礼は、ばらばらの起源のものであるが、神話を吟誦することによって正当化されているように見える。ここでは神話が儀礼のあとを追ったのである。儀礼を説明するためにいくつもの神話が生まれたのだ。しかし、それは疑似神話あるいは説明神話である。神話が儀礼を追っているような例外すらも、シュテーアが指摘しているように、儀礼と神話とのあいだの密接な関係という原則を証明しているのである。

もちろん、神話を伴わずに儀礼が伝播したり、逆に儀礼を伴わずに神話が伝播することもある。クラックホーンが指摘したように、ある儀礼は、与える側の文化においては、ある神話によって強化されるかもしれない。あるいは逆に、神話が儀礼によって強化されるかもしれない。しかし、受けいれる側の文化の担い手たちは、儀礼を受けいれるだけで満足したり、あるいは彼らの情緒的な要求にもっとよくかなう、まったく別の神話でその儀礼を合理化するかもしれない。

一例をあげると、北米のホピ族の笛と蛇、カモシカ儀礼と、隣接したナバホ族の男子の射道歌（Shootingway Chant）儀礼とは大きな類似を示している。そしておそらくそれは、ホピ族からナバホ族に伝播したものであろう。ところが、この二つの儀礼を基礎づけている神話は、ほとんど似たところがないのだ。つまり、ホピ族の場合には地中から祖先が出現した神話の演劇化であるのに、ナバホ族の場合はふつうの聖道（Holy way）神話と結びついているのである。

一つの神話がある民族から他の民族に伝播する場合、大なり小なりの変化が生じるのがふつうである。旧約聖書に出ているノアの箱舟の大洪水の話は、別にヘブライ人の独創ではなくて、バビロニア起源であり、バビロニアの洪水神話もまたシュメールのものにさかのぼる。

ところで、クレーマー（S. N. Kramer 一八九七―一九九〇年）によれば、洪水神話がシュメールからバビロニアに伝播・受容されたときには変化が生じている。シュメールではジウスドラの永生説話を主題とした詩の一部をなしているのに、バビロニアの詩人たちは、自分たちの目的にうまくあうところに、この神話的展開をはめこんでいる。

バビロニアのギルガメシュ叙事詩のなかでは、ギルガメシュが力をつくし果たして、ウトナピシュティム（シュメールのジウスドラに相当する人物）のところにたどり着いて、この人から永生の秘法を得ようとするとき、バビロニアの詩人たちはこの機会を利用して洪水神話を述べている。そしてシュメールの詩では、初めの部分で創世をとりあつかっているが、それを素通りして、大洪水というエピソードだけを取りあげている。また細部に関しても相違がある。

シュメールの詩では、ジウスドラは神をはばかる信仰深い王者だが、バビロニアのウトナピシュティムについては、なにもそんなことは述べられていない。他方では、バビロニアの詩人たちは、大洪水がどんな性質のものであったか、そのためにどんな破滅がきたかを比較的くわしく述べ、箱舟の建造についてもはるかに具体的に語っている。また、シュメールでは大洪水は七日七夜つづいたのに、バビロニアでは六日となっている。バビロニアの詩では、洪水が引いたかどうかを知るために、ウトナピシュティムはノアと同様に鳥を放ってみるが、このことはシュメール神話では出てこないのである。

神話がこのように伝播の過程で変化する一方、儀礼も伝播の過程で変化していく。これもまた神話と儀礼のあいだのくいちがいを生み出す原因の一つだ。

ところで信仰（神話）と行動（儀礼）のどちらがさきに変化するであろうか？　クラックホーンは、それは文化的伝統や外的事情によって異なるが、ごく大まかにいうと、行動様式（儀礼）のほうがより頻繁に変化すると論じている。この考えにはもっともなところがある。フルトクランツも、儀礼のほうは、神話よりも自然環境の影響をうけやすいので、異なった自然環境に伝播した場合、神話よりも儀礼のほうが変化しやすいことを指摘している。

われわれは神話と儀礼との関係について、いろいろ考えてきた。しかし、神話の内容が表現されるのは、話（神話）と行為（儀礼）だけではない。

神話は、なるほど説話である。しかし、シュテーアが論じたように、説話以上のものである。説話であるということは、神話の現象形態のうちの、たとえもっとも重要なものにせよ、一つにしかすぎない。神話を伝授された者にとっては、神話は、祭儀や画像や装飾的な徽章の形においても明らかとなる。ちょうどキリスト教徒がイエスが磔《はりつけ》になって死んだことを、聖書を通じてばかりでなく、聖餐や十字架像によってもその全意義を捉えることのできるのと同様である。たとえば、ボルネオのガジュ・ダヤク族の聖なる画は、語られた神話の説明ではけっしてなく、神話の一つの独立の現象形態なのである。

神話が生きているような未開社会においても、その社会の人々はみな同じなわけではない。未開社会においても、その内部に性や年齢にもとづいた集団もあれば、個人も存在する。神話は、またその社会のすべてのものが語り伝えているのではない。カリフォルニアのピマ族では、女が同席しているときには、神話は語られない。少数の専門家だけが神話を完全に知っており、世界がいかにして作られ、どこからピマ族が来たか、悪魔や怪物や猛獣との争いなどについての神話は、これら専門家が四晩ぶっつづけで少年たちに教えこむのである。このようなことは、世界の未開民族のあいだでは、例外ではない。

「神話を語ることが、少数の、とくに才能のある個人にかぎられていない原住民部族は世界に一つもない、と主張してもさしつかえない。これらの個人は、共同体によって常にひじょうに尊敬されており、そして彼らは、一般民衆には許されていない原文を自由にすることが許されている。事実、自由にすることによって彼らが尊敬されることもあるのである」

アメリカの民族学者、ポール・ラディンのこのことばは有名である。事実、未開社会においても鈍感な一般民衆と並んで、利口な少数の人たちがいる。この〈哲学者〉たちが事物について思索をめぐらし、昔から知られている伝承に深い意味を与え、また不断に伝承をあらたにしてゆくことを力説したのは、ラディンの大きい功績であった。しかし、そうかといって、未開の〈哲学者〉たちが、好き勝手な神話を、種子もなしに創作すると考えたら誤りである。

エリアーデが論じているように、創造的な人格の役割は、今日気づかれているよりも大きいものがあったに相違ない。シャマンから吟遊詩人にいたる聖事の専門家たちは、最後にはすくなくとも彼らの想像的な幻想のいくつかを、受容的な集団におしつけることに成功した。このような幻想が〈成功〉をおさめたのは、それが既存の神話の図式に依存していたためであることはたしかである。

つまり、伝統的な表象や筋書きと、根本的に矛盾する幻想が容易にうけいれられるということはありそうにもないことである。他の方面からこの問題を考えてみても同じことがいえる。シュテーアが論じたように、神話には新しい経験や認識をとりいれる余裕がある。しかしそれはかぎられたものだ。もしも新しい要素が圧倒的になると、枠がこわれ、この新しいものを加工し、組み入れ、そして正当化することがもうできなくなってしまう。つまり、それは神話の破壊を意味しているのだ。

だから、神話は、創造的な語り手の手中において、変化はするが、そのことをあまり過大評価するのは正しくない。

ところで、語り手の問題について考えておくべき問題がいくつかある。そのなかで重要なのは、語り手が司祭である場合だ。司祭というのは、単なる個人的な病気を治したりする呪医ではなく、共同体の祭儀を行なう聖職者である。こういう性質をもっているために、司祭が、神話のなかでも、共同体全体にかかわる問題、たとえば、宇宙の起源や人類や部族の起源に関する神話の伝承者という役割を果たしていることが多い。ことに司祭が専門化して、集団をつくるような場合には、この種の神話の発達や体系化が進む。

クラッペは宇宙起源神話について、示唆的な見解を述べている。ふつうの形式の説明神話は、伝播の結果しばしば変形されたことは疑いないが、個人の頭脳の生みだしたものと見てもよい。これに反して、既知の世界の宇宙起源神話は体系をなしており、ふつう、多数の頭脳の調和的な協力を前提としている。だが、クロイツァーのように、どこでも、哲学者と宗教思想家の古代の諸学派が、神話体系を作りあげていたとまで考える必要はない。

けれども、司祭あるいは詩人——あるいは双方——のある集団がなかったならば、創世記の初めの何章かや、イランの創造神話の一団や、ヘーシオドスの『神統記』や北欧の『ギュルヴィたぶらかし』の宇宙起源をとりあつかった数章が存在しなかったろうことだけは確かである。これら司祭や詩人たちは、この形式の説明神話を発明したばかりでなく、より古い材料を組織し、整理し、なかんずく、これらの諸観念を文学的な美しさをもった言語で表現したのである。

このクラッペの説は、たとえ世界のすべての宇宙起源神話についていえなくても、その多くにあてはまると考えてよいであろう。

また、別に宇宙起源神話にかぎらずとも、ダヴェンポート（W. H. Davenport）が指摘したように、ミクロネシアのマーシャル群島のように、語り手の組織がない場合には、神話の体系化が妨げられるのである。

日本の古典神話では、体系化がかなり進んでいる。従来、日本の神話は、語部《かたりべ》という職業的な説話伝承者がいて、それが伝えてきたのではないかと考える人たちもすくなくなかった。しかし、古文献研究の立場から倉野憲司氏、また最近では民族学的立場からポリネシアにおける神話伝承のありかたと日本の神話を比較研究された池田源太氏が明らかにしたように、日本神話は、主としてさまざまな氏族が、自らの氏族の由来や系譜を説明し、基礎づけるために語り伝えてきたものらしい。職業的な語部が伝えたものは、日本神話のなかのいくつかのエピソードを提供したかもしれないが、案外寄与したところは多くはなく、伝えられた物語の内容も、多分に娯楽的な性格をもったものと考えられる。

さて、日本神話のおもな素材である氏族の伝承を伝えたものは、おそらく族長や、司祭たちであったろう。池田氏も指摘しているように、氏族あるいはそれに相当する親族集団の系譜的伝承が盛んに伝えられるのに適した社会的環境は、世襲の首長制が確立し、階層分化がすでに見られ、かつ祖先崇拝の発達した社会であったろう。そして、日本神話の体系化をさらに推し進めたのは、天皇を中心とする集団であった。

ところで、日本神話を語り伝えてきた担い手の性格や、当時の日本社会全体の性格は、日本神話自体の性格ともおおいに関係がありそうに思われる。つまり、日本神話がいわば年代的に配列されていることである。日本神話は天地開闢から日向《ひゅうが》三代に至るまで、時間的経過と系譜の順を追って展開している。このような神話の性格は、系譜的伝承としての神話の担い手とその社会の性格とを切り離して考えることはできない。

ところで、神話の語り手の問題は、聞き手がだれであるかということとも密接な関係がある。プラトンがいったように、ホメーロスは全ギリシャを教育したが、彼は軍事的貴族という特定の聞き手のために詩を作ったのである。だから、エリアーデが指摘したように、「ホメーロスは神話学の論文を書いたわけではないから、ギリシャ世界において流布されていたすべての神話のテーマを記録したのではない。それから、本質的に父権的で軍事的な聞き手にとって縁のない、あるいは関心のすくないような宗教的、あるいは神話的な諸観念をよけてしまったのである。

ギリシャ宗教や神話体系の夜、大地、葬儀の側面については、ホメーロスはほとんどなにも述べていない。性と豊穣、死、死後の生活の宗教的観念の重要性は、後の著者や考古学的発掘の結果明らかであるが、ホメーロスにはほとんどでてこないのである」

ここで、神話と社会の問題に簡単にふれておきたい。

神話と社会

われわれは日本の場合やホメーロスを例にとって、神話と聞き手の社会との関係にふれた。イギリスのファースもポリネシアのティコピア島の場合についてこう述べている。——ある話が、ある社会状態について語っているとしても、その話の狙いは、この〔当時の〕社会状態よりもむしろ、その話が語られる環境をなしている現在の人たちなのである。しかし、一般的にいって、神話という聖なる伝承は、現在の聴衆の関心によって影響されるといっても、そこには限度があることは、語り手の自由の問題とおなじことだ。聴衆の関心にひかれて、あまり変えてしまえば、それは聖なる伝承としての性格を失ってしまう。たとえば記紀の神話に記された社会は、八世紀の社会よりもむしろ神話の生まれて育った時代の社会をよりよく反映しているのである。他の民族の神話でも事情はおなじである。

インドゲルマン神話学を論ずるにあたって、われわれはフランスの学者ジョルジュ・デユメジル（G. Dumézil 一八九八―一九八六年）の貢献を無視することはできない。彼がさまざまの論文や著書でくりかえし論じたところによると、インドゲルマン諸族の神々は、でたらめに並存しているのではなく、それらは全体として一つの体系をなしており、この体系は彼らの社会組織に対応するものなのである。神話が作られた当時のインドゲルマン諸族は、すでにかなり発達した文化や社会をもっていた。農耕を営み、家父長的な大家族制をもち、王と司祭、戦士貴族と平民に分かれていた。このような社会が神話にも反映しているのである。デュメジルは神々の体系のなかに、三つのおもな機能を区別している。

第一は、主権であるが、これは二つの様相に分かれており、この二つの様相がインドゲルマン的な神々の秩序の特別の特徴となっている。その一つは、おだやかな性格をもっており、公正と知恵をあらわしており、もう一つは、権力の恐ろしさと、明瞭な呪的・悪魔《デーモン》的な性格を示すことがある。この二重性をわれわれは古代インド人の一対の神々、ミトラとヴァルナにおいて、また、ゲルマン人のチュールとオーディンにおいても見いだす。

第二の機能は戦士の機能である。インド人のインドラ、ローマ人のマルス、ゲルマン人のトールがこれにあたる。

第三の機能は農民の機能である。これは、豊穣、医術、富などの一連の神々によって代表されている。インドのアシュヴィンやギリシャのディオスクーロイのような、双生児の神々もその例であるし、そのほかたくさんの女神たちもこの部類に入る。

　さて、神々の体系ではこの最下層と前記の二つの上層とのあいだにおける対立の観念が支配的である。原古の時代において、上層と下層という二組のあいだで戦いが行なわれ、ついで最終的に平和となったという特異な神話は、古代インド人、ローマ人、ゲルマン人、ケルト人のあいだに広まっているのである。

　さらに、これら三つのおもな機能が、神々の世界に見られるばかりでなく、三位一体的なものの考えかたは、他のさまざまなところにおいても見られる。災厄にも、不正、戦争、飢饉の三つがあり、悪い行ないにも、呪文による加害、暴力、盗みの三つがあり、医術にも、呪文による治療、外科、薬草の三つの方法があって三位一体の考えをあらわしている。それればかりでなく、三重の王の讃歌、三重の法的な機構というぐあいに三つが一組なものは、インドゲルマン世界に多い。

　デュメジルによると、この体系は完結したものであり、しかも地上のほかの場所にはどこにも見られないものである。しかも、これは多くのインドゲルマン系諸族のところで見られるのであるから、原古からの遺産と見なくてはならない。

　もちろん、インドゲルマン系の個々の民族の神々は、さきに名をあげたものがすべてなのではなく、それ以外にもいろいろある。それらの神々が、この体系とどういう関係にあるかも大きい問題であるが、もう一つ重要な問題がある。それは、はたして、こういう体系はインドゲルマン語族にだけあるものなのであろうか？　ということである。ところが、イギリスのブラウ（J. Brough）が最近研究したところによると、同様な三分法は『旧約聖書』のなかにも、つまりセム語族の神話にも見られるという。それゆえ、ドレスデン（M. J. Dresden）が論じたように、デュメジルのこの三機能体系をインドゲルマン的とのみ見るには用心が必要であろう。

このように、大きい社会構成が神話に反映しているばかりでなく、これから述べるように、社会組織や社会状態の個々の特徴も神話に痕跡をのこしている。

夜泣石とアマゾン

『出雲国風土記』を見ると、ヌカビメという乙女のところに、素性のしれない者が婚《よば》いして、夜きたっては昼去り、乙女は妊娠して子を生んだが、父が不明なので困ったという神話が出ている。また、『播磨国風土記』にも、ミチヌシヒメが、父なくして子を生んだので、盟酒《うけいざけ》をかもした。田七町を作り、七日七夜のあいだに稲が実り、これを酒につくって神々を呼び集めた。すると、その子はアマノマヒトツノミコトに酒をたてまつったので、だれが父かが判明した話があり、『山城国風土記逸文』にも、同じように、父を知らずに子を生んだタマヨリヒメの子が、七日七夜の宴でホノイカヅチ神に酒をのませて、父であることを立証したことがでている。

ところで〈父選び〉モチーフは、パウル・エーレンライヒがすでに注目したように、ヨーロッパ、アジア、南北両米に点々と分布している。大勢集まった部族の男たちのなかの一人から、子供が食物あるいは武器をもらう。その男が父である。日本の神話の場合、逆に子供が父に物をささげる形式になっているが、おなじ〈父選び〉モチーフの一種であることは疑いない。

ところで、この神話をどう解釈したらよいかが問題である。エーレンライヒは、一妻多夫婚がこの背景にあると考え、また松村武雄氏は、母系制に根拠を求めた。しかし、どちらの説も私の見るところでは十分でない。すくなくとも、日本の例では、神話自体にも記されている〈妻問い婚〉が背景にあると考えてよいだろう。日本古代には、母系制や一妻多夫婚があったことは証明されていないのに反して、妻問い婚が広く行なわれていたことは明らかだからだ。しかし、世界の他の地域の〈父選び〉神話がみな同様に〈妻問い婚〉が背景にあるかどうかは、個々の例を調べてみなければ解決できない問題である。

神話のなかの社会組織の反映をさぐりあてることは、けっして容易でない。しかし、元来は神話だったものが、純然たる伝説や昔話になってしまったものになると、これはもっとむずかしくなる。例を一つあげよう。

年たけてまた越ゆべしと思ひきや
命なりけり小夜《さよ》の中山

という西行法師の歌で有名な遠州中山は、夜泣石の伝説でも有名だ。――大昔のこと、ある妊婦が盗賊のためにこの中山で殺された。その妊婦の腹の切り口から、赤児が出て泣いているのを、通りすがりの僧侶が見つけて、赤児をたすけて寺に帰って養育した。赤児は成人したのちに、僧侶から当時の事情を聞き、苦労ののち、母の仇を討った。そして赤児の泣いていたあたりに大きな石があったが、妊婦の霊がその石と化して、夜になると泣くので、それを夜泣石といったという。

これと関係があるのは頭白《ずはく》上人の伝説だ。常陸国筑波山の麓に住んでいた佐源治の妻お篠は、臨月の身で殺された。夫は妻の後世を弔うために諸国を巡礼し、五年目に村に帰ってきた。ところが佐源治は団子屋の婆さんから不思議な話を聞いた。毎晩のように美しい女が、時を違えずに二文銭一枚もって団子を買いにきた。所を聞けば石崎村、名を聞けばお篠と答える。不思議な女だというので大評判になり、それが領主の耳に入り、役人がいって調べてみると、藪のなかに横穴があって、その穴のなかに子供が泣いていた。五年も暗い穴のなかで育ったので、頭髪が雪のように白くなっていたが、菩提寺の東光院で引き取って育てているという。佐源治はその子がわが子であり、その女が自分の妻であることを知り、東光院にいってわが子と対面した。のちにこの子が高僧、頭白上人となったのである。

　この話は、日本じゅうにかなり広く分布しているが、まったくおなじ筋の話は中国にもある。妊婦が死んで埋葬されるが、幽霊となって、死後墓のなかで生んだ子のために食物を買いにゆき、のちにこの子が救いだされる話だ。エーバーハルト（W. Eberhard 一九〇九―八九年）によると、北は河北省にもあるが、おもな分布は、浙江省、福建省、広東省というぐあいに揚子江南部にみられる。日本へは、中国でこのようにまとまった形になってから渡来したものであろう。

ら生まれたこどもが、のちに、英雄やその

　ところで、中国では、この話は元来は伝説ではなくて、神話としても存在していたのではないかと思われる。それは、中国古代の王、禹《う》の生誕に関する伝承のことだ。『山海経』の「海内経」と、その郭璞《かくはく》の注、『楚辞』天問などに出ているところをまとめてみると、大洪水を治

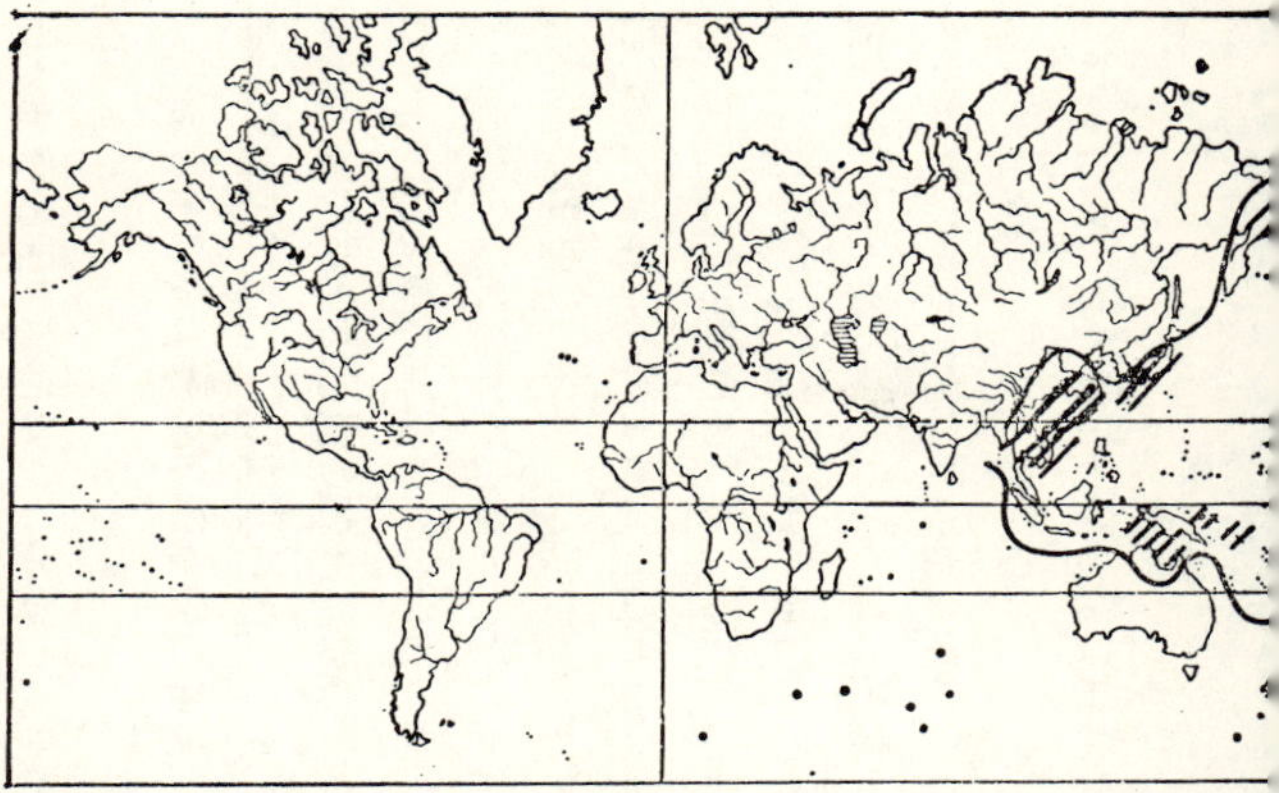

母親が死んでから生まれた英雄　日本の小夜中山の夜泣石のように、母親が死んでか
他の大人物になるという話は、斜線の地域に分布している。（フロベニウス原図、大林訂正）

めるのに失敗した鯀《こん》は羽山で殺された。しかし鯀の死体は三年たっても腐ることがなかった。その腹中から禹が生まれ、のちに父が失敗した治水に成功したのである。

死体の胎内から生まれた子が英雄となるモチーフは、頭白上人や夜泣石の話とおなじだ。ただ、禹の場合、父親である鯀の死体から生まれたことになっているが、これは禹の出産の神秘性を強調し、また鯀との話のつながりをはっきりさせるためであって、元来は父ではなく母の死後、その胎中から出産したという話だったと思われる。

ところで、母の死後、英雄が死体から生まれ出るモチーフの話は、レオ・フロベニウスが明らかにしたように（ただし、彼は日本や中国の例には気づいていない）、世界でも太平洋を囲む地域にだけ分布している。そして南米では、双生児神話の一部になっている。

一人のインディアンの娘が森の猛獣ジャガーと結婚する。彼女は死んでしまうが、その死体から一組のふたごが出てき、あるいは帝王切開によって取り出される。これがのちになって文化英雄や部族の始祖になったという。世界像の諸類型の章で紹介したブラジルのワウラ族の双生児神話もこの一種だ。

この種の南米の神話を研究した、ドイツ生まれのブラジルの民族学者ハーバート・バルドゥス（Herbert Baldus 一八九九―一九七〇年）はおもしろい考えを述べた。この娘こそは部族の〈原母〉であって、このような筋の神話は、結婚のときに妻方に居住する民族、またしばしば母系制をもっている民族のところに見られるものであるという。母なる始祖の観念はこの社会組織とうまく合っている。もちろん、神話が社会組織とは離れて別個に伝播することもあろうし、また社会組織も不変ではない。だから、今日では、ときには、この神話が夫方居住制や父系制の民族のところで語り伝えられている場合もあるわけである。注目すべき説といってよかろう。

日本の夜泣石や頭白上人の話はまったく伝説化しているので、死んだ母も〈原母〉の性

ギリシャの壺に描かれたアマゾン（女軍）たち

格はもうもっていない。中国の禹の神話の場合も、父親の死体から生まれたことになっているように、すでに本来の型から変化を示しており、またこの神話の母胎の文化環境から隔たってしまっていることは明らかである。しかし、中国の禹の神話も、元来は南米の場合のように、〈原母〉神話だったのかもしれない。

神話に述べられていることは、現実の事件や社会状態そのままではない。しかし、そうかといって、まったく根も葉もない絵そらごとでもない。このことがはっきり認められるようになるまでには、長い年月がかかったのである。アマゾン神話の場合もそうだった。

世界最大の南米のアマゾン河の名の起こりは、ヨーロッパ人が南アメリカを発見した当時、この川の流域に女だけの国があって、しかも戦争に強いという評判が高かったからであった。当時の人々や、ラ・コンダミーヌのようなのちの人たちまでもが、この話をほんとうだと思っていた。しかし噂は高くても、だれも実際に見た人はいない。だから事実ではないと思われる。

この南米のアマゾン神話――正確にはアマゾン伝説といったほうがよいだろう――に示唆的な研究を行なったのは、オーストリアの民族学者リヒャルト・ラッシュ（Richard Lasch）である。ラッシュによると、この伝説は、アマゾン河北岸を中心として多数の部族のところに分布しており、なかには、ヨーロッパ文明の影響をほとんどうけていないインディアンにもあるところから見て、ヨーロッパ古代の女軍（アマゾン）伝説を真似したのではなく、アメリカ大陸土着のものであることは疑問の余地がない。それでは、いったいなぜこんな奇妙な伝説が生まれたのであろうか。

人類の文化史を広く眺めてみると、採集狩猟段階においても、すでに男女の分業が行なわれていた。しかし一般的にいって、そこでは男女の対立はまだ深刻ではない。ところが女子が農耕を始め、土器をつくったり、織物を織ったりするようになると、女性の社会的地位は低くても、経済的には男性よりも優位を占めるようになる。こうなると男はおもしろくないから、男子結社や秘密結社のような組織をつくって、男性の地位を強化しようとする。

アマゾン伝説のなかで、彼女たちがひとりで畑を耕しているところがあるのは、女性の特別の地位を示したものなのである。男性と女性とは、からだも違えば心理も違う。だから、女は男とは別のことばを話し、男とは利害関係の違う別のグループをつくることもよくある。この女のグループは、時と場合によっては、男性に精力的に対抗する。このような北カリブ諸族における男女関係がもとになって、アマゾン伝説が生まれた。

はじめはただ女性の社会的、経済的な特殊地位を反映しているだけのものであったが、のちには、女性の男性に対する反乱というエピソードが加えられ、男性はみずからの組織を強化するのに、これを大いに利用し、この話が部族から部族へと伝わっていったものであろう。このラッシュの説もきわめて示唆的である。

神話研究のために

いままでわれわれは神話のいくつかの重要な側面と研究の歴史をしらべてきた。

神話において述べられている真実とは、歴史的事実でもなければ科学的真理でもない。それは、神話的真実である。神話的真実が信じられているが故に、原古における一回的な創造的出来事、つまり神話的な起源が、人間をとりまく自然と人間の文化や社会を基礎づけ、かつしばしば、この神話的出来事が儀礼の形で再現される。

このような神話は、神話自体から研究することも可能であるが、同時に神話が文化の一部であり、ある社会によって担われていることを忘れてはならない。神話のなかには、その神話の生まれた文化・社会や、それが伝えられ体系化された文化や社会の刻印がはっきり押されているのである。

しかもこの神話も歴史的な形成物である。長い人類文化史のおもな諸時期の世界像をあらわすさまざまな神話が生まれ、展開し、そして伝播していった。この神話という雄弁な証言を無視して、われわれははたしてどれだけのことを人類の初期の精神史について知り得るであろうか? また個々の神話モチーフの分布と移動を追究することによって、われわれは特定の民族や文化の系統や構成を解明する手がかりをうることもできる。

このような神話研究は、すでに長い歴史と蓄積をもっている。ことに一九三〇年代以降の進展はめざましいものがある。しかも、このような成果をふまえての神話の本格的研究は、わが国ではまだこれからという段階にあるのである。

参考文献

この本に利用した研究や資料のすべてを挙げることはできないので、おもなものだけを紹介しておく。

日本語の文献としては、概説書としてつぎのものがある。

高木敏雄『比較神話学』　博文館　明治三十七年
松村武雄『神話学原論』　二巻　培風館　昭和十五—十六年
中島悦次『神話と神話学』　大東出版社　昭和十七年

高木氏のものは古いが、まだ読むに値し、松村氏のものは、日本語で書かれた今までの概説書中、最高のものである。中島氏のものは、平明な入門書としてすぐれている。

また、特定の視角から神話を見たもの、あるいは特定の問題をとりあつかったものとしては、つぎのようなものがある。

阿部年晴『アフリカの創世神話』　紀伊國屋書店　昭和四十年
池田源太『伝承文化論攷』　角川書店　昭和三十八年

エリアーデ（堀一郎訳）『永遠回帰の神話』　未来社　昭和三十八年
ハリソン（佐々木理訳）『古代芸術と祭式』　創元社　昭和十六年（新版　筑摩書房　昭和三十九年）
松村武雄『儀礼及び神話の研究』　培風館　昭和二十三年
レヴィ＝ブリュル（古野・浅見訳）『原始神話学』　創元社　昭和二十一年

なお、私はこの本の中で旧稿の左記の論文の一部を使わせていただいた。

大林太良「神々の物語」『図説世界文化史大系』第二巻　世界の民族　二〇二―二〇六頁　角川書店　昭和三十五年
同「神話・伝説」『アジア歴史事典』五、九五―九六頁　平凡社　昭和三十五年
同「日本神話の世界」『国文学　解釈と鑑賞』二九巻一号　一五―二五頁　昭和三十九年
同「北西タイ国、ラワ族とカレン族の神話と伝説」『民族学研究』二九巻二号　一一三―一二三頁　昭和三十九年
同「文化人類学入門㈡」『国文学　解釈と鑑賞』二九巻九号　昭和三十九年

その他、本書には触れなかった神話の問題については、つぎのものであつかっている。

大林太良『日本神話の起源』　角川書店　昭和三十六年
同「出雲神話における〝土地の主〟――オオナムチとスクナヒコナ」『文学』三三巻六号　五五九―五六九頁　昭和四十年

同「神々の名前」『国文学 解釈と鑑賞』三〇巻一一号　三四―三九頁　昭和四十年

日本神話についての従来の学者のおもな研究は『日本神話の起源』のなかで紹介しておいた。世界の神話を地域別に集めたものとしては、『みすず・ぶっくす』（みすず書房）に数冊あるのが手頃であろう。

また神話を含めた未開人の宗教・世界像については、つぎのようなものがある。

イエンゼン他著（大林、鈴木訳）『民族学入門』　社会思想社　昭和三十八年
古野清人『原始宗教』　角川書店　昭和三十九年

欧文の神話参考書は数多いが、エーレンライヒの『一般神話学』以来、民族学的神話学概論としてまとまったものはまだない。特定の問題をあつかったもの、未開宗教の概論、事典の項目などで神話について特に重要なものだけを挙げておく。

BAUMANN, Hermann. Schöpfung und Urzeit des Menschen im Mythus der afrikanischen Völker. Verlag von Dietrich Reimer. Berlin 1936.（重版 1964）
——Das doppelte Geschlecht. Dietrich Reimer. Berlin 1955.
——Mythos in ethnologischer Sicht. in: Studium Generale, IX: 1–17, 583–597. Springer Verlag. Heidelberg 1959.
DUMÉZIL, Georges. Les Dieux des Indo-Européens. Presses Universitaires de France, Paris

1952.

EHRENREICH, Paul. Die allgemeine Mythologie und ihre ethnologischen Grundlagen. J. C. Hinrichssche Buchhandlung. Leipzig 1910.

ELIADE, Mircea. Myth and Reality. Harper & Row. New York 1963.
〔エリアーデ『神話と現実』（エリアーデ著作集 七）中村恭子（訳）堀一郎（監修）せりか書房、一九七四年〕

FROBENIUS, Leo. Die Weltanschauung der Naturvölker. Emil Felber. Weimar 1898.

——Aus den Flegeljahren der Menschheit. Gebr. Jänecke. Hannover 1901.（英訳 The Childhood of Man. Meridian Books. New York 1960）

——Das Zeitalter des Sonnengottes. Georg Reimer. Berlin 1904.

——Vom Kulturreich des Festlandes. Wegweiser-Verlag. Berlin 1923.

GREENWAY, John. Literature Among the Primitives. Folklore Associates. Hatboro, Pennsylvania 1964.

HAEKEL, Josef. Mythos und Mythologie. II. Religionsgeschichtlich. in: Die Religion in Geschichte und Gegenwart. 3. Aufl. IV: 1267–1274. Tübingen 1960.

HERRMANN, Ferdinand. Symbolik in den Religionen der Naturvölker. Anton Hiersemann. Stuttgart 1961.

HOFFMANN, Kurt (hrg. v.). Die Wirklichkeit des Mythos. Droemer Knaur. München/Zürich 1965.（イェンゼン、ケレーニイ、ヤスパースなどの論文を集録）

HULTKRANTZ, Åke. The North American Indian Orpheus Tradition. The Ethnographical Museum of Sweden, Stockholm. Monograph Series. Publication No. 2. 1957.

JENSEN, Adolf E. Das religiöse Weltbild einer frühen Kultur. August Schröder Verlag. Stuttgart 1949.

——Mythos und Kult bei Naturvölkern. 2. Aufl. Franz Steiner Verlag. Wiesbaden 1960.（英訳 Myth and Cult Among Primitive Peoples. The University of Chicago Press. 1963）

JUNG, C. G. and KERÉNYI, K. Essays on a Science of Mythology. revised edition. New York 1963.

〔ケレーニイ／ユング『神話学入門』（晶文全書）杉浦忠夫（訳）晶文社、一九七五年〕

KLUCKHOHN, Clyde. Myths and Rituals: A General Theory. in: Harvard Theological Review, XXXV: 45–79. 1942.（LESSA and VOGT に再録）

KRAPPE, A. H. La genèse des mythes. Payot. Paris 1952.

——The Science of Folklore. W. W. Norton & Co. New York 1964.

van der LEEUW, Gerardus. Die Bedeutung der Mythen. in: Festschrift Alfred Bertholet zum 80. Geburtstag: 287–293. Tübingen 1950.

LESSA, W. A. and VOGT, E. Z. (ed.). Reader in Comparative Religion: An Anthropological Approach. second ed. Harper & Row. New York 1965.（クラックホーン、レヴィ＝ストロースの論文再録）

LÉVI-STRAUSS, Claude. Le Cru et le Cuit. Libraire Plon. Paris 1964.
〔レヴィ＝ストロース『生のものと火を通したもの』（神話論理 1）早水洋太郎（訳）みすず書房、二〇〇六年〕

LONG, Charles H. Alpha: The Myths of Creation. George Braziller. New York 1963.

PETTAZZONI, Raffaele. Essays on the History of Religions. E. J. Brill. Leiden 1954.

PREUSS, Konrad Theodor. Der religiöse Gehalt der Mythen. Tübingen 1933.（SCHMITZ に抜粋）

RADIN, Paul. Primitive Man as Philosopher. second and revised edition. Dover Publications, Inc. New York 1957.

SCHMIDT, Wilhelm. Handbuch der vergleichenden Religionsgeschichte. Münster 1930.

SCHMITZ, Carl A. Religions-Ethnologie. Akademische Verlagsgesellschaft. Frankfurt am Main 1964.（イェンゼン、プロイス、レヴィ＝ストロースの著書抜粋、論文をのせる）

SEBEOK, Thomas A. (ed.). Myth: A Symposium. Indiana University Press. Bloomington 1958.

de VRIES, Jan. Forschungsgeschichte der Mythologie. Verlag Karl Alber. Freiburg/München

1961.

地域別の世界神話集としては、基本的なものとしてつぎのものがある。

GRAY, L. H. (ed.). The Mythology of All Races. 13 Vols. Boston 1916–32.（重版 Cooper Square Publishers. New York 1964)

LEYEN, F. von der und ZAUNERT, P. (hrg. v.). Die Märchen der Weltliteratur. 40 Bde. Eugen Diederichs. Jena 1912 ff.

戦後には Das Gesicht der Völker. Erich Röth-Verlag, Kassel や大規模な H. W. HAUSSIG (hrg. v.). Wörterbuch der Mythologie. Ernst Klett Verlag, Stuttgart が続刊中である。また古代文明地域に限られているが、

KRAMER, Samuel Noah (ed.). Mythologies of the Ancient World. Doubleday & Co. New York 1961.

は最近の研究にもとづいたすぐれた地域別神話概論である。

解説　探究にいざなう神話語り

山田　仁史

その日私は、一通の手紙を握りしめて東京へ向かった。「一度自宅へいらっしゃい」という大林先生からの、直筆の書状。日が陰りはじめた夕刻の阿佐ケ谷駅で下車し、緊張した面持ちの学部三年生は、指示された道のりを歩きだした。

きっかけのひとつが、本書であった。手もとにある中公新書版『神話学入門』は、一九九一年三月二〇日二一版という奥付だ。初版から四半世紀のあいだ、ひろく読まれていたことがうかがえる。私も一読して熱狂し、周囲にその魅力を吹聴していた。当時、東北大学教養部で文化人類学を講じていた瀬川昌久先生がそれを耳にされ、「じゃあ僕の先生だから、紹介状を書いてあげよう」という——何ともありがたいお申し出。Eメールもなかった頃のことだ。少し時間はかかったが、ほどなく冒頭の書簡が届いた。一九九三年一二月だった。

すぐ書斎に通されてからの二時間ばかりは、あっというまに過ぎた。卒業論文のテーマにしようと思っていた盟神探湯《くかたち》のこと、入るべき大学院の選択肢、などを相談したと記憶する。途中で奥様がお茶と和菓子を出されたが、興奮していた私は上の空だった気がする。

こうして私の阿佐谷詣でがはじまった。京都の大学院進学後も、上京するたびに前もって連絡し、あの書斎へと伺うのが常だった。そのうち一定のパターンができた。午前九時半ころに訪問、二時間ほどお話しして、少し早めの昼食に出る。美食家だった先生は、毎回ちがったものをご馳走してくださった。とんかつ、イタリアン、中華……。中華のときは奥様とお嬢様も同席された。大林先生と私はあの時、瓶ビールで乾杯したのをおぼえている。

食後はきまって近所の古本屋に寄った。私が棚を見ていると、「これはいい本だよ」などと声をかけてこられることが多かった。先生自身は、文庫本などちょっとしたものを購入されるのがほとんどで、そのあと阿佐ケ谷駅まで見送っていただいた。なんとも贅沢な時間をすごしたものだと、今さらながら思う。

おもわず個人的な神話語りをしてしまった。本書の著者をめぐっては、こうした思い出が分かちがたく結びついているからだ。しかし以下では、私的な感情はすこし横において、より客観的に解説を試みたいと思う。その際、中立的記述を心がけるためにもあえて敬称は略してゆく。大林太良という人は、自分の師にあたる立場の学者たちをもむやみに神格化せず、批判的に対峙することを旨としていた。私もそうした姿勢を多分に共有しているからである。

大林神話学における最大の特徴は、と問われれば、それは民族学に基礎をおいていることだ、と答えよう。それもドイツ語圏の、歴史や宗教につよい関心を寄せる民族学だ。少しくわしく言うと、二〇世紀前半の独澳《どくおう》民族学には二つの大きな学派があった。フランクフルトの文化形態学派と、ウィーンの文化圏学派とである。若き日の大林は両方に留学して訓練を受けたが、本書には前者の影響が色濃い。

文化形態学では、ある人類集団における世界の見方を表現したものとして、神話をとらえる。この世界の見方のことを、当学派の創始者だったレオ・フロベニウスは〈世界観〉(Weltanschauung)と呼び、その弟子アードルフ・イェンゼンは〈世界像〉(Weltbild)と称した。イェンゼンのもとで学んだ大林が第Ⅶ章で「世界像の諸類型」を扱っているのは、そうした背景による。

この世界像、つまり人々が自分たちをとりまく環境や世界をどう把握するか、という物の見方は、生活様式とりわけ生業のあり方と大きくかかわっている。狩猟民の間では彼らの生殺与奪をにぎる動物の存在がクローズアップされていたが（アニマリズム）、農耕民においては日々の糧を提供してくれる植物とくに作物へと、興味の対象が移る。さらには生長した作物の命を我々が食べている、という認識から、人間の生と死に対する洞察も深まり、月の満ち欠けといったサイクルとも重ね合わされて、死者崇拝・先祖崇拝が発達する（マニズム）。さらに高文化（文明）社会に至ると、大宇宙（マクロコスモス）と小宇宙（ミクロコスモス）の対応というような、壮大なコスモロジーがくり広げられる。言われてみれば当然と思うかもしれないが、そうした人類史の大枠をつかんだ上で、その枠内における人間の思考を表現した物語として、神話を理解するという態度が、本書をつらぬくライトモチーフとなっている。

一方の文化圏学派からも、著者は多くを吸収している。しかしこの学派は、人類文化史を再構成しようと急いだあまり、やや固定的な図式化に陥ってしまった。そのためリーダーだったヴィルヘルム・シュミットはその晩年、弟子たちからの批判にさらされ、一九五四年に彼が死去した際には、学派自体が崩壊していた。そうした余燼ののこるウィーンで学んだ大林としては、本学派に距離をおいた記述になっているのも、じゅうぶんに理解できる。

　なおまたイェンゼンとならんで高く評価されているのは、ミュンヘン大学で教えたヘルマン・バウマンである。初期農耕民に焦点をあてたイェンゼンとは異なり、バウマンの著書『二重の性』（『双性』）は、古代高文化の流れが無文字社会（「未開社会」）におよぼした莫大なインパクトに注目した。さらにバウマンは民族学という立場からの神話研究にかんして、理論化も試みていた。ここから大林は多くのヒントを得て、本書でも随所にそれを活かしている。

　ただし神話理論について大林が参照しているのは、ドイツやオーストリアの学者だけにとどまらない。スウェーデンで独自の宗教民族学をきずいたオーケ・フルトクランツ、イタリアの宗教史学派を牽引したラッファエーレ・ペッタッツォーニ、ルーマニアに生まれ米国で活躍した宗教学者ミルチャ・エリアーデといった、すぐれた学者たちの見解をしっかりと咀嚼したうえで、バランスよく目配りしている点には、今読んでも賛嘆を禁じえない。また当時の日本ではまだあまり知られていなかった、フランスのジョルジュ・デュメジルやクロード・レヴィ＝ストロースの紹介をおこなっているのも、見逃せない先見の明である。

　第Ⅰ章「神話研究の歩み」で述べられているように、一九・二〇世紀になって無文字社会の資料が大量にもたらされたことで、それまでの神話研究は一新された。そこで、無文字社会を相手として研究する民族学の立場から神話をどう扱えばよいのか、大林は先行研究をていねいに説明しているのである。

さて、本書の叙述における基本的な態度とスタイルについて、長所と思われることを二点、そして読者によっては物足らなく感じられるかもしれない側面も二点、指摘しておきたい。

長所の第一は、古い学説をただちに切りすてるのではなく、いったん流行遅れになったかに見える学説の中にも、何か採用すべき観点を見出そうとする姿勢である。たとえばマックス・ミュラーらの自然神話学派、つまり神話の内に自然現象を見出そうとする学派については四つの批判を挙げた上で「しかし、われわれは、自然神話学派が当時果たした大きい貢献も評価しなくては片手落ちであると思う」(三二頁)と二つのポイントを述べている。そのうち「インドゲルマン語族」すなわちインド＝ヨーロッパ(印欧)語族に共通の神話を復原しようと試みた、という点については、その後デュメジルをはじめとして今日まで多くの研究者が追究しているテーマである。そもそもギリシャ時代の諸仮説が現代にいたるまで、くりかえし現れてきたという(一八頁)大局に立つならば、細部における学説の盛衰などは取るに足らない。学界の些末な動向に右顧左眄《うこさべん》しない泰然自若、といった趣が本書の大きな魅力のひとつである。

第二にこれともかかわるが、理論は材料によって規定される、ということを大林はくりかえし述べている。ことにマリノフスキーの神話論に対しては「彼はニューギニア東南のトロブリアンド島という一地域の神話の特徴を一般化したため、神話における説明的な性格を否定したり、呪術的な性格を過大評価するという誤りを犯している」(五三頁)と手厳しい。すなわち「民族学は生きた神話を研究するという強味があるが、一地域の神話の調査は、いかにすぐれたものであっても、神話の一般理論を形成するにあたっては、大きな限界をもつことを銘記する必要がある。深い局地研究と広い比較の視野とがあい伴ってこそ、神話一般の理論の形成は可能なのである」(五四頁)。こう断言する著者の「広い比較の視野」は、他書の追随をゆるさないものがある。

他方で読者のなかには、ところどころ記述について行けないと感じる人もいるのではなかろうか。とくに著者にとっては自明でも、そうした文化史的背景を知識として持たない場合には、理解が相当にむずかしいと思われる箇所もある。たとえば一二〇頁では、宇宙や人類が卵から生じたという、いわゆる卵生神話の分布と伝播が論じられている。まず、この神話が「南方」に広がっているという三品彰英の議論を紹介したのち、「竜蛇の要素がこれにしばしば結びついていることは重要だ」と指摘し、さらに、ユーラシア大陸では、その他にはエストニア人、フィンランド、ロシアと北ヨーロッパにのみこのモチーフの神話が分布していることなどを考えあわせると、南方系とはいっても、北欧との結びつきを考えざるを得なくなる。

と、一転して北方へも注意を向ける。そして「北欧とオセアニア、ことにポリネシアの神話とのあいだには、島釣り神話などの大きい類似があることはフロベニウスやグレーブナー以来よく知られていることであり」と言うが、一般読者はこの辺りから、わけが分からなくなるのではあるまいか。続けて大林は「東南アジアの竜蛇の神話とヨーロッパの竜蛇の伝承とのあいだ」の関係に説き及び、こう結論する。

結局、アジアとオセアニアの卵生神話も、東南アジアのドンソン文化（紀元前八〇〇年から紀元前後）と呼ばれる青銅器文化や、それに親縁関係のある諸文化に結びつくものらしく、ヨーロッパの東部から内陸アジアを経て東南アジアに達し、さらに東アジア、オセアニアに広がったものであろう。

もはや相当の専門家でも、これだけでは首をひねるかもしれない。明らかに説明が不足しているからである。実は大林の念頭にあるのは、ウィーンの民族学者・先史学者ハイネ＝ゲルデルンが出した「ポントゥスからの移動」という、ユーラシア大陸の西北から東南への青銅器文化の移動・伝播にかかわる仮説なのだ（Heine-Geldern, Robert, Das Tocharerproblem und die Pontische Wanderung, *Saeculum*, 2(2): 225-255, 1951）。しかしこれはその後も仮説にとどまっており、大林説も魅力的な見通しではあるが、今後の検証をまたねばならぬ段階である。

もう一つだけ読者の不満を予想するなら、心理学的な立場からの神話研究に対する顧慮が本書ではほとんどなされていないこと、が挙げられよう。フロイトやユングの流れをくむ神話観が、多くの人々をひきつけているのは事実なのに、である。ただしこの点については、後にかかげる『世界神話事典』に大林が寄せた「総説」（一九九四年）には補足がされている。本書初版が出た一九六六年以後における神話学の展開もふくめ、興味のある方はこちらを参照されるとよいだろう。

最後に、中公新書版『神話学入門』が有した意義について、若干述べておきたい。日本国内でこれが広く読まれたのは言うまでもないが、国外にも反響があった。すなわち中国語訳が一九八九年、同題で北京の中国民間文芸出版社から刊行され、中国語圏の研究者たちから支持をうけているのだ。

たとえば台湾・東呉大学の鹿憶鹿教授はその著『粟種與《と》火種――臺灣原住民族的《の》神話與《と》傳說』（台北：秀威經典、二〇一七年）でこの中訳書をあちこちに引用しているし、中国・北京師範大学の楊利慧教授に至っては『神話与《と》神話学』（北京：北京師範大学出版集団、二〇〇九年）のあとがきにおいて、自分が大学で神話を教えるようになって、もっとも参考にしたのは本書であると告白し、明解な体系と鋭利な論述、簡明で風雅な文体を賞賛して、「大家の著した小書」と評している。これはもとより、楊女史の師が中国民俗学の父と呼ばれる鍾敬文という、大林のよき友人だったことと無縁ではあるまい。いずれにせよ、東アジアの神話研究に一定の影響力をもつ著作であることは疑いない。

ひるがえって日本では、二〇一〇年代になって神話関連の書物が続々と出版されており、多かれ少なかれ大林からの影響も見てとれる。本書を読んだのみではあきたらず、さらなる探究を志す読者のために、それらを紹介して解説を閉じることにしよう。

・植朗子（編）阿部海太（絵）『はじまりが見える世界の神話』創元社、二〇一八世界の各地域・各時代から二〇の創造神話を紹介しつつ、背景となる文化や研究史にも言及。
・後藤明『世界神話学入門』（講談社現代新書二四五七）講談社、二〇一七
現生人類が地球上に拡散したのに伴って神話がどう伝播したのか。最新の成果。
・篠田知和基『世界神話入門』勉誠出版、二〇一七
フランス文学を専門とする博識の著者が神話の諸テーマを語り明かす。
・松村一男『神話学入門』（講談社学術文庫二五三七）講談社、二〇一九
初版一九九九年の『神話学講義』の文庫化。一九・二〇世紀の主要な神話学者六人と思想背景をさぐる。
・山田仁史『新・神話学入門』朝倉書店、二〇一七
ヨーロッパの知識人たちが世界各地の神話をどう「発見」し翻訳・解釈してきたのかを辿る。
・大林太良／伊藤清司／吉田敦彦／松村一男（編）『世界神話事典』全二冊（角川ソフィア文庫）角川学芸出版、二〇一二
初版一九九四年の文庫化。大林の「総説」は本書のアップデートとしても読める。
・篠田知和基／丸山顕徳（編）『世界神話伝説大事典』勉誠出版、二〇一六
多くの専門家が結集し、地域ごとの概説と小項目から成る大事典。

・松村一男／平藤喜久子／山田仁史（編）『神の文化史事典』白水社、二〇一三
世界の神々の属性をキーワード索引として一覧にしたユニークな事典。

本書は一九六六年三月、中央公論社より刊行された。
文庫化に際し、固有名詞の一部等を改めた。

ホームズと推理小説の時代　中尾真理

ホームズとともに誕生した推理小説。その歴史を黎明期から黄金期まで跡付け、隆盛の背景とその展開を豊富な基礎知識を交えながら展望する。

文学と悪　ジョルジュ・バタイユ　山本功訳

文学にとって至高のものとは、悪の極限を掘りあてることではないのか。サド、プルースト、カフカなど八人の作家を巡る論考。（吉本隆明）

来るべき書物　モーリス・ブランショ　粟津則雄訳

プルースト、アルトー、マラルメ、クローデル、ボルヘス、ブロッホらを対象に、20世紀フランスを代表する批評家が、その作品の精神に迫る。

プルースト 読書の喜び　保苅瑞穂

『失われた時を求めて』がかくも人を魅了するのはなぜなのか。この作品が与えてくれる愉悦を著者鍾愛の場面を通して伝える珠玉のエセー。（野崎歓）

海とサルデーニャ　D・H・ロレンス　武藤浩史訳

一九二一年一月、作家は妻を伴い、シチリアからサルデーニャへと旅立つ。躍動感溢れる筆致で描かれる孤高の島の自然と人々。五官を震わせる名紀行。

ペルシャの神話　岡田恵美子

天地創造神話から、『王書』に登場する霊鳥スィームルグや英雄ロスタムの伝説までをやさしく語る。ペルシャ文学の第一人者による入門書。（沓掛良彦）

アレクサンドロス大王物語　伝カリステネス　橋本隆夫訳

アレクサンドロスの生涯は、史実を超えた伝説として西欧からイスラムに至るまでの世界に大きな影響を与えた。伝承の中核をなす書物。（澤田典子）

西洋古典学入門　久保正彰

古代ギリシア・ローマの作品を原本に近い形で復原すること。それが西洋古典学の使命である。ホメーロスなど、諸作品を紹介しつつ学問の営みを解説。

ギルガメシュ叙事詩　矢島文夫訳

ニネベ出土の粘土書板に初期楔形文字で記された英雄ギルガメシュの波乱万丈の物語。「イシュタルの冥界下り」を併録。最古の文学の初の邦訳。

メソポタミアの神話　矢島文夫

「バビロニアの創世記」から「ギルガメシュ叙事詩」まで、古代メソポタミアの代表的神話をやさしく紹介。第一人者による最良の入門書。（沖田瑞穂）

シュメール神話集成　杉勇／尾崎亨 訳

「洪水伝説」「イナンナの冥界下り」など世界最古の神話・文学十六篇を収録。ほかでは読むことのできない貴重な原典資料。豊富な訳注・解説付き。

エジプト神話集成　杉勇／屋形禎亮 訳

不死・永生を希求した古代エジプト人の遺した、ピラミッド壁面の銘文ほか、神への讃歌、予言、人生訓など重要文書約三十篇を収録。

北欧の神話　山室静

キリスト教流入以前のヨーロッパ世界を鮮やかに語り伝える北欧神話。神々と巨人たちとが織りなす壮大な物語をやさしく説き明かす最良のガイド。

概説 北欧神話　菅原邦城

世界観、種族、神々とその道具。馴染みあるが掴みづらい北欧神話の全体像を原資料に忠実に提示する。入門者から専門家まで必携の名著。（小澤実）

ロシア中世物語集　中村喜和編訳

『原初年代記』『イーゴリ軍記』など名高い作品を集成。各作品とロシア中世文学の特質・史的展開についての概説も付した類のない書。（三浦清美）

フィレンツェ史（上）　ニッコロ・マキァヴェッリ　在里寛司／米山喜晟訳

権力闘争、周辺国との駆け引き、戦争、政権転覆……。マキァヴェッリの筆によりさらにドラマチックに彩られるフィレンツェ史。文句なしの面白さ！

フィレンツェ史（下）　ニッコロ・マキァヴェッリ　在里寛司／米山喜晟訳

古代ローマ時代からのフィレンツェ史を俯瞰することで見出された、歴史におけるある法則……。マキァヴェッリの真骨頂が味わえる一冊！（米山喜晟）

漢文の話　吉川幸次郎

日本人の教養に深く根ざす漢文を歴史的に説き起こし、その由来、美しさ、読む心得や特徴を平明に解説する。贅沢で最良の入門書。（興膳宏）

十牛図　上田閑照／柳田聖山

禅の古典「十牛図」を手引きに、自己と他、自然と人間、自身への関わりを通し、真の自己への道を探る。現代語訳と詳注を併録。（西村惠信）

原典訳 ウパニシャッド　岩本裕編訳

インド思想の根幹であり後の思想の源ともなったウパニシャッド。本書では主要篇を抜粋、梵我一如、輪廻・業・解脱の思想を浮き彫りにする。（立川武蔵）

世界宗教史（全8巻）　ミルチア・エリアーデ

宗教現象の史的展開を膨大な資料を博捜し著された人類の壮大な精神史。エリアーデの遺志にそって共同執筆された諸地域の宗教の巻を含む。

世界宗教史1　ミルチア・エリアーデ　中村恭子訳

人類の原初の宗教的営みに始まり、メソポタミア、古代エジプト、インダス川流域、ヒッタイト、地中海地域、初期イスラエルの諸宗教を収める。

世界宗教史2　ミルチア・エリアーデ　松村一男訳

20世紀最大の宗教学者のライフワーク。本巻はヴェーダの宗教、ゼウスとオリュンポスの神々、ディオニュソス信仰等を収める。（荒木美智雄）

世界宗教史3　ミルチア・エリアーデ　島田裕巳訳

仰韶、竜山文化から孔子、老子までの古代中国の宗教と、バラモン、ヒンドゥー、仏陀とその時代、オルフェウスの神話、ヘレニズム文化などを考察。

世界宗教史4　ミルチア・エリアーデ　柴田史子訳

ナーガールジュナまでの仏教の歴史とジャイナ教から、ヒンドゥー教の総合、ユダヤ教の試練、キリスト教の誕生などを収録。（島田裕巳）

世界宗教史5　ミルチア・エリアーデ　鶴岡賀雄訳

古代ユーラシア大陸の宗教、八―九世紀までのキリスト教、ムハンマドとイスラーム、イスラームと神秘主義、ハシディズムまでのユダヤ教など。

世界宗教史6　ミルチア・エリアーデ　鶴岡賀雄訳

中世後期から宗教改革前夜までのヨーロッパの宗教運動、宗教改革前後における宗教、魔術、ヘルメス主義の伝統、チベットの諸宗教を収録。

世界宗教史7 ミルチア・エリアーデ 奥山倫明／木塚隆志／深澤英隆訳

エリアーデ没後、同僚や弟子たちによって完成された最終巻の前半部。メソアメリカ、インドネシア、オセアニア、オーストラリアなどの宗教。

世界宗教史8 ミルチア・エリアーデ 奥山倫明／木塚隆志／深澤英隆訳

西・中央アフリカ、南・北アメリカの宗教、日本の神道と民俗宗教。啓蒙期以降ヨーロッパの宗教的創造性と世俗化などを収録。全8巻完結。

回教概論 大川周明

最高水準の知性を持つと言われたアジア主義者の力作。イスラム教の成立経緯や、経典などの要旨が的確に記された第一級の概論。（中村廣治郎）

神社の古代史 岡田精司

古代日本ではどのような神々が祀られていたのか。《祭祀の原像》を求めて、伊勢、宗像、住吉、鹿島など主要な神社の成り立ちや特徴を解説する。

中国禅宗史 小川隆

唐代から宋代において、禅の思想は大きく展開した。各種禅語録を思想史的な文脈に即して読みなおす試み。〈禅の語録〉全二〇巻の「総説」を文庫化。

増補 聖典クルアーンの思想 大川玲子

ジハードはテロを意味するのか？ なぜキリスト教、ユダヤ教といがみ合うのか？ 最も遠いと思われがちな隣人の思想を経典の内容から理解する。

踊念仏 大橋俊雄

空也・一遍による盛興、他宗派の批判、後世への影響、各地に継承された習俗まで。踊念仏という活動を軸として、大きく宗教史を描く。（坂本要）

原典訳 チベットの死者の書 川崎信定訳

死の瞬間から次の生までの間に魂が辿る四十九日の旅――中有（バルドゥ）のありさまを克明に描き、死者に正しい解脱の方向を示す指南の書。

インドの思想 川崎信定

多民族、多言語、多文化。これらを併存させるインドという国を作ってきた考え方とは。ヒンドゥー教や仏教等、主要な思想を案内する恰好の入門書。

「不思議の国のアリス」を英語で読む　別宮貞徳

このけたはずれにおもしろい、奇抜な名作を、いっしょに英語で読んでみませんか――『アリス』の世界を原文で味わうための、またとない道案内。

さらば学校英語
実践翻訳の技術　別宮貞徳

英文の意味を的確に理解し、センスのいい日本語に翻訳するコツは？　日本人が陥る誤訳の罠は？　達人ベック先生が技の真髄を伝授する実践講座。

漢文入門　前野直彬

漢文読解のポイントは「訓読」にあり！　その方法はいかにして確立されたか、歴史も踏まえつつ漢文を読むための基礎知識を伝授。（齋藤希史）

精講　漢文　前野直彬

往年の名参考書が文庫に！　文法の基礎だけでなく、中国の歴史・思想や日本の漢文学をも解説。漢字文化の多様な知識が身につく名著。（堀川貴司）

考える英文法　吉川美夫

知識ではなく理解こそが英文法学習の要諦だ。簡明な解説と豊富な例題を通して英文法の仕組みを血肉化させていくロングセラー参考書。（斎藤兆史）

言葉を復元する　吉田和彦

記録以前の言語を再建し、言語変化のメカニズムを解き明かす――それが比較言語学という営みだ。第一人者がその手法を丁寧に紹介する最良の入門書。

わたしの外国語学習法　ロンブ・カトー　米原万里訳

16ヵ国語を独学で身につけた著者が明かす語学学習の秘訣。特殊な才能がなくても外国語は必ず習得できる！　という楽天主義に感染させてくれる。

英語類義語活用辞典　最所フミ編著

類義語・同意語・反意語の正しい使い分けが、豊富な例文から理解できる定評ある辞典。学生や教師・英語表現の実務家の必携書。（加島祥造）

日英語表現辞典　最所フミ編著

日本人が誤解しやすいもの、英語理解のカギになるもの、まぎらわしい同義語、日本語の伝統的な表現・慣用句・俗語を挙げ、詳細に解説。（加島祥造）

日本的思考の原型 高取正男

何気なく守っている習俗習慣には、近代以前の暮らしに根を持つものも多い。われわれの無意識の感覚から、日本人の心の歴史を読みとく。（阿満利麿）

民俗のこころ 高取正男

「私の茶碗」「私の箸」等、日本人以外には通じない感覚。こうした感覚を手がかりに民衆の歴史を描き直した民俗学の名著を文庫化。（夏目琢史）

人身御供論 高木敏雄

人身供犠は、史実として日本に存在したのか。民俗学草創期に先駆的業績を残した著者の、表題作他全13篇を収録した比較神話・伝説論集。（山田仁史）

儀礼の過程 ヴィクター・W・ターナー 冨倉光雄訳

社会集団内で宗教儀礼が果たす意味と機能を明らかにし、コムニタスという概念で歴史・社会・文化の諸現象の理解を試みた人類学の名著。（福島真人）

アステカ・マヤの神話 カール・タウベ 藤田美砂子訳

植民地時代の史料や碑文解読から、メソ・アメリカの伝統文化に今日も生き続ける神話解釈を紹介。第一人者による密度の濃い入門書。（青山和夫）

日本の神話 筑紫申真

八百万の神はもとは一つだった⁉　天皇家統治のために創り上げられた記紀神話を、元の地方神話に解体すると、本当の神の姿が見えてくる。（金沢英之）

河童の日本史 中村禎里

ぬめり、水かき、悪戯にキュウリ。異色の生物学者が、時代ごと地域ごとの民間伝承や古典文献を精査。〈実証分析的〉妖怪学。（小松和彦）

病気と治療の文化人類学 波平恵美子

科学・産業が発達しようと避けられない病気に対し人間は様々な意味づけを行ってきた。「医療人類学」を切り拓いた著者による画期的著作。（浜田明範）

ヴードゥーの神々 ゾラ・ニール・ハーストン 常田景子訳

20世紀前半、黒人女性学者がカリブ海宗教研究の旅に出る。秘儀、愛の女神、ゾンビ――学術調査と口承文学を往還する異色の民族誌。（今福龍太）

子どもの文化人類学　原ひろ子

極北のインディアンたちは子育てを「あそび」とし、血縁や性別に関係なく楽しんだ。親子、子どもの姿をいきいきと豊かに描いた名著。（奥野克巳）

初版 金枝篇（上）　J・G・フレイザー　吉川信訳

人類の多様な宗教的想像力が生み出した多様な事例を収集し、その普遍的説明を試みた社会人類学最大の古典。膨大な註を含む初版の本邦初訳。

初版 金枝篇（下）　J・G・フレイザー　吉川信訳

なぜ祭司は前任者を殺さねばならないのか？　そして、殺す前になぜ〈黄金の枝〉を折り取るのか？　事例の博捜の末、探索行は謎の核心に迫る。

火の起原の神話　J・G・フレイザー　青江舜二郎訳

人類はいかにして火を手に入れたのか。世界各地より夥しい神話や伝説を渉猟し、文明初期の人類の精神世界を探った名著。（前田耕作）

沖縄の食文化　外間守善

琉球文化の源流を解き明かそうとした著者が最後に取り組んだ食文化論。沖縄独特の食材や料理は、いったいどこからもたらされたのか？（斎藤真理子）

未開社会における性と抑圧　B・マリノフスキー　阿部年晴／真崎義博訳

人類における性は、内なる自然と文化的力との相互作用のドラマである。この人間存在の深淵に到るテーマを比較文化的視点から問い直した古典的名著。

所有と分配の人類学　松村圭一郎

これは「私のもの」ではなかったのか？　エチオピアの農村で生活するなかでしか見えてこないものがある。私的所有の謎に迫った名著。（鷲田清一）

ケガレの民俗誌　宮田登

被差別部落、性差別、非常民の世界など、日本民俗の深層に根づいている不浄なる観念と差別の問題を考察した先駆的名著。（赤坂憲雄）

はじめての民俗学　宮田登

現代社会に生きる人々が抱く不安や畏れ、怖さの源はどこにあるのか。民俗学の入門的知識をやさしく説きつつ、現代社会に潜むフォークロアに迫る。

霊魂の民俗学　宮田登

出産・七五三・葬送など、いまも残る日本人の生活儀礼には、いかなる独特な「霊魂観」が息づいているのか。民俗学の泰斗が平明に語る。（林淳）

南方熊楠随筆集　益田勝実編

博覧強記にして奔放不羈、稀代の天才にして孤高の自由人・南方熊楠。この猥雑なまでに豊饒な不世出の頭脳のエッセンス。（益田勝実）

奇談雑史　宮負定雄　佐藤正英／武田由紀子校訂・注

霊異、怨霊、幽明界など、さまざまな奇異な話の集大成。柳田国男は、本書より名論文「山の神とヲコゼ」を生み出す。日本民俗学、説話文学の幻の名著。

贈与論　マルセル・モース　吉田禎吾／江川純一訳

「贈与と交換こそが根源的人類社会を創出した」。人類学、宗教学、経済学ほか諸学に多大の影響を与えた不朽の名著、待望の新訳決定版。

日本人　柳田國男編

一握りの人間に付き従う大勢順応の国民性はいったいどこから生まれたのか？　柳田國男とその弟子たちが民俗学の成果を結集し、挑む。（阿満利麿）

身ぶりと言葉　アンドレ・ルロワ゠グーラン　荒木亨訳

先史学・社会文化人類学の泰斗の代表作。人の生物学的進化、人類学的発展、大脳の発達、言語の文化的機能を壮大なスケールで描いた大著。（松岡正剛）

世界の根源　アンドレ・ルロワ゠グーラン　蔵持不三也訳

人間の進化に迫った人類学者ルロワ゠グーラン。半生を回顧しつつ、人類学・歴史学・博物館の方向性、言語・記号論・身体技法等を縦横無尽に論じる。

モンテーニュからモンテーニュへ　クロード・レヴィ゠ストロース　真島一郎監訳　昼間賢訳

「革命的な学としての民族誌学」と「モンテーニュへの回帰」。発見された二つの講演録から現れる思考の力線とは――。監訳者の長編論考も収録。

民俗地名語彙事典　松永美吉　日本地名研究所編

柳田国男の薫陶を受けた著者が、博捜と精査により日本の地名に関する基礎情報を集成。土地の記憶を次世代へつなぐための必携の事典。（小田富英）

日本の歴史をよみなおす(全)　網野善彦

中世日本に新しい光をあて、その真実と多彩な横顔を平明に語り、日本社会のイメージを根本から問い直す。超ロングセラーを続編と併せ文庫化。

米・百姓・天皇　網野善彦／石井進

日本とはどんな国なのか、なぜ米が日本史を解く鍵なのか、通史を書く意味は何なのか。これまでの日本史理解に根本的転回を迫る衝撃の書。（伊藤正敏）

列島の歴史を語る　網野善彦／藤沢・網野さんを囲む会編

日本は決して「一つ」ではなかった！　中世史に新次元を開いた著者が、日本の地理的・歴史的な多様性と豊かさを平明に語った講演録。（五味文彦）

列島文化再考　網野善彦／塚本学／坪井洋文／宮田登

近代国家の枠組みに縛られた歴史観をくつがえし、列島に生きた人々の真の姿を描き出す、歴史学・民俗学の幸福なコラボレーション。（新谷尚紀）

日本社会再考　網野善彦

歴史の虚像の数々を根底から覆してきた網野史学。漁業から交易まで多彩な活躍を繰り広げた海民に光をあて、知られざる日本像を鮮烈に甦らせた名著。

図説　和菓子の歴史　青木直己

饅頭、羊羹、金平糖にカステラ、その時々の外国文化の影響を受けながら多種多様に発展した和菓子。その歴史を多数の図版とともに平易に解説。

改訂増補　バテレン追放令　安野眞幸

西欧のキリスト教宣教師たちは、日本史上にいかなる反作用を生み出したか。教会領長崎での事件と秀吉による「バテレン追放令」から明らかにする。

今昔東海道独案内　東篇　今井金吾

いにしえから庶民が辿ってきた幹線道路・東海道。日本人の歴史を、著者が自分の足で辿りなおした名著。東篇は日本橋より浜松まで。（今尾恵介）

居酒屋の誕生　飯野亮一

寛延年間の江戸に誕生しすぐに大発展を遂げた居酒屋。しかしなぜ他の都市ではなく江戸だったのか。一次資料を丹念にひもとき、その誕生の謎にせまる。

ちくま学芸文庫

神話学入門《しんわがくにゅうもん》

二〇一九年三月十日　第一刷発行
二〇二五年六月五日　第二刷発行

著　者　大林太良（おおばやし・たりょう）

発行者　増田健史
発行所　株式会社　筑摩書房
東京都台東区蔵前二―五―三　〒一一一―八七五五
電話番号　〇三―五六八七―二六〇一（代表）
装幀者　安野光雅
印刷所　中央精版印刷株式会社
製本所　中央精版印刷株式会社

ISBN978-4-480-09918-1 C0114